LEARN
WELSH

Phrasebook & Basic Grammar

HEINI GRUFFUDD

First impression: 2018

© Copyright Heini Gruffudd & Y Lolfa Cyf., 2018

ISBN: 978-1-78461-581-9

cover photo: Keith Morris/Alamy
cover design: Y Lolfa Cyf.

Published and printed in Wales
on partly recycled paper
by Y Lolfa Cyf., Talybont, Ceredigion SY24 5HE
website www.ylolfa.com
e-mail ylolfa@ylolfa.com
tel. 01970 832 304
fax 01970 832 782

Contents

Introduction

At the beginning of the third millennium, Welsh is spoken by around half a million people in Wales, or about 20% of the population of 2,700,000. This is more than double the number that spoke Welsh in the Middle Ages, but around half the number that spoke it at the beginning of the twentieth century. Welsh is understood by about 750,000 people in Wales.

Welsh speakers are scattered in equal numbers all over the country. Some areas in the north and west are thought of as the Welsh heartland, because the percentage speaking Welsh there is quite high, from 50% to 80%. But numerically, Cardiff and Swansea areas have as many Welsh speakers as the counties of north Wales.

Welsh has been spoken here for 1,600 years. Welsh, or old Welsh, and its ancestor, 'Brythoneg' or 'Britannic', was the language spoken over most of the territory of Britain until around 400 A.D.

Unfortunately, from 1536 (the date of the Act of Annexation of Wales by England) until around 1900, English became the only language of law and administration, and state education in Wales, and the main language of commerce. Welsh was banned from schools in the 19th century. Nevertheless, most people in Wales spoke Welsh at the start of the 20th century.

Since the 1960s, Welsh has seen a resurgence. Welsh is the medium of education in a quarter of Wales' primary schools, and it is now taught as a subject in most other schools. There is an all day Welsh radio service, and the Welsh television channel is expanding into an all day service as well. Welsh poetry and prose, which have a tradition dating from around 600 AD, are flourishing, and Welsh culture has been enriched in recent times by popular groups and singers.

Around 20,000 adults attend classes to learn Welsh annually, and knowing Welsh is becoming a valued part of many aspects of Welsh social, economic, sporting and political life. For the visitor, it is also the key to ensure a warm welcome in many parts of Wales, as Welsh is the first language in some of the most beautiful parts of the country in the west and north.

If you are a Welsh learner in Wales, or a visitor to Wales, this little book should set you on the path to understand and speak Welsh. You can use it in several ways:

1. Get a good grasp of Welsh pronunciation.
2. Understand the basic Welsh sentence pattern.
3. Make up sentences using the tables in the *Everyday Situations* section.
4. Learn phrases and sentences in the lists in the *Everyday Situations* section, and test yourself by hiding the Welsh or English side of the lists.
5. Look up words, and test yourself, in the vocabulary section.
6. Use the grammar section to extend your knowledge of Welsh.

There are many ways of progressing with your learning:

1. Buy further books, e.g. *Welcome to Welsh*, Y Lolfa, with cassette.
2. Join classes (organised by local authorities, colleges and universities): Full details from Welsh for Adults Officer, Welsh Language Board, 5-7 St Mary's Street, Cardiff.
3. Go to Welsh pubs and societies. CYD (The Old College, King's Road, Aberystwyth) is a body that organises social events. Otherwise enquire at any local Welsh bookshop.

Have fun learning Welsh!

HEINI GRUFFUDD

Pronunciation Guide

Welsh is much easier to pronounce than English, as most letters have just one sound. Almost all consonants have one sound, while some vowels vary slightly.

Welsh has seven vowel letters: a, e, i, o, u, w, y.

It also has eight combination letters which represent one sound: ch (as in 'loch'), dd (as in 'that'), ff (as in 'off'), ng (as in 'long'), ll (see below), ph (as in 'off'), rh (as in 'rhyme'), th (as in 'thing').

The stress on Welsh words is almost always on the last syllable but one.

The Welsh Alphabet

	English sound	Welsh example	Rough pronunciation	Meaning
a	a (short, e.g. gala)	dant	dant	*tooth*
	ah (long, e.g. park)	tân	tahn	*fire*
b	b	baban	bahban	*baby*
c	k	ci	kee	*dog*
ch	ch (e.g. 'loch')	bach	Bach (composer)	*small*
d	d	dyn	deen	*man*
dd	th (voiced, e.g. that)	dydd	deeth	*day*
e	e (short, e.g. went)	pert	pehrt	*pretty*
	eh (long, e.g. café)	peth	pehth	*thing*
	ee (after 'a' and 'o', e.g. week)	mae	mahee	*there is*
		oes?	ohees	*is there?*
f	v	fe	veh	*him*
ff	ff (e.g. off)	fferm	ffehrm	*farm*
g	g (hard e.g. game)	gardd	gahrth	*garden*
ng	usually ng (e.g. wing)	angen	ahngehn	*need*
	n-g (e.g. angry)	Bangor	Ban-gor	*Bangor*
h	h	hi	hee	*she*
i	i (short, as in pin)	pìn	pin	*pin*
	ee (long, as in week)	sgrîn	sgreen	*screen*
j	j	jam	jam	*jam*
l	l	lôn	loan	*lane*
ll	ll (as 'l', but blow voicelessly)	lle	lleh	*place*

9

m	m	mam	mam	*mum*
n	n	ni	nee	*we*
o	o (short, as in g**o**ne)	ton	ton	*wave*
	oa (long, as in f**o**re)	côr	coar	*choir*
p	p	plant	plant	*children*
ph	ff	traphont	traffont	*viaduct*
r	r (trilled)	radio	rahdyo	*radio*
rh	rh (trilled with h)	rhaff	rhahff	*spade*
s	s (as in **s**oon)	sut?	sit?	*how?*
t	t	tŷ	tee	*house*
th	th (voiceless, as in **th**ing)	cath	kahth	*cat*
u	i (short, as in p**i**n)	punt	pint	*pound (£)*
	usually ee (long, as in w**ee**k)	un	een	*one*
	(In north Wales, 'u' is pronounced like the French 'u')	pur	'pur'	*pure*
w	oo (short as in p**u**ll)	hwn	hoon	*this*
	oo (long, as in f**oo**l)	cŵn	koon	*dogs*
y	i (short, as in p**i**n)	hyn	hin	*this/these*
	uh (as in f**u**n)	gyrru	guhree	*to drive*
	ee (long, as in w**ee**k)	dyn	deen	*man*
	(In north Wales this 'y' is pronounced like the French 'u')			

Other combinations:

si	sh	siop	shop	*shop*
wy	ooee	rwy	rooee	*I am*
sh	sh	brwsh	broosh	*brush*

If you see an ' '' ' accent or a '^' circumflex e.g. amgáu, sigarét, dramâu, ogofâu, sinemâu, on the last syllable of a word, the accent is on the last syllable.

Many Welsh words in recent times have been borrowed from English, and are pronounced similarly to the English words, although the spelling can be a little different. Here are some common words which sound similar to English words and which mean the same.

Welsh	English	Welsh	English
bag	*bag*	lili	*lilly*
banc	*bank*	map	*map*
beic	*bike*	marmalêd*	*marmalade*
bet	*bet*	mat	*mat*
camel	*camel*	nonsens	*nonsense*
camera	*camera**	pac	*pack*
car	*car*	parc*	*park*
casét	*cassette*	pàs	*pass*
cês	*case*	pensil	*pencil*
cic	*kick*	pìn	*pin*
clip	*clip*	pinc	*pink*
cloc	*clock*	pot	*pot*
coffi	*coffee*	problem	*problem*
desg	*desk*	record*	*record*
eliffant	*elephant*	reis	*rice*
fideo	*video*	sgrin	*screen*
fforc*	*fork*	sinema	*cinema*
ffres	*fresh*	tacsi	*taxi*
gêm	*game*	tap	*tap*
gôl	*goal*	tic	*tick*
golff	*golf*	toffi	*toffee*
inc	*ink*	tomato	*tomato*
jam	*jam*	tun	*tin*
jîns	*jeans*	tywel	*towel*
lamp	*lamp*	wats	*watch*
lifft	*lift*	winc	*wink*

*The 'r' is pronounced and not mute as in English.

Other words in Welsh are fairly similar to English and are readily understood:

Welsh	pronunciation	English
albwm	alboom	*album*
basged	bahsged	*basket*
bws	boos	*bus*
carped	kahrped	*carpet*
coleg	koleg	*college*
cot	cot	*coat*
ffrâm	ffrahm	*frame*
ffws	ffoos	*fuss*
oren	ohrehn	*orange*
palas	pahlahs	*palace*
papur	pahpir	*paper*
peint	peheent	*pint*
plwg	ploog	*plug*
radio	rahdyo	*radio*
soser	saucehr	*saucer*
sgwâr	sgooahr	*square*
siec	sheck	*cheque*
sosban	sauceban	*saucepan*
stryd	streed	*street*
tâp	tahp	*tape*
traffig	traffig	*traffic*
trên	trehn	*train*
theatr	thehatr	*theatre*

More care is needed with other words which sound similar to English words, but which have a completely different meaning:

Welsh	pronunciation	meaning
dau	Dai	*two*
crap	crap	*smattering*
cul	keel	*narrow*
dim	dim	*nothing*
dyn	Dean	*man*
ffrog	frog	*frock*
haws	house	*easier*
hi	he	*she*
hy	he	*bold*
hynt	hint	*journey*

lôn	loan	*lane*
menyw	menu	*woman*
mil	meal	*thousand*
min	mean	*edge*
pump	pimp	*five*
si	sea	*rumour*
sut?	sit	*how?*
tri	tree	*three*
tyn	tin	*tight*

Pronunciation of place names and their English equivalent:

Welsh	pronunciation	English
Aberdaugleddau	Aberdaeegleddaee	*Milford Haven*
Abertawe	Abehrtahooeh	*Swansea*
Aberteifi	Abehrte-eevee	*Cardigan*
Bae Colwyn	Baee Colooeen	*Colwyn Bay*
Caerdydd	Kaeer-deeth	*Cardiff*
Caerfyrddin	Kaeervuhrddin	*Carmarthen*
Casnewydd	Kasneooidd	*Newport*
Ceinewydd	Ke-eenchooith	*New Quay*
Cydweli	Kidwelee	*Kidwelly*
Dinbych	Dinbich	*Denbigh*
Dinbych-y-pysgod	Dinbich-uh-puhsgod	*Tenby*
Hwlffordd	Hoolffordd	*Haverfordwest*
Môn	Moan	*Anglesey*
Penfro	Penvro	*Pembroke*
Pen-y-bont ar Ogwr	Pen-uh-bont ahr Ohgoor	*Bridgend*
Talacharn	Talahcharn	*Laugharne*
Tŷddewi	Teetheooee	*St. David's*
Trallwng	Tralloong	*Welshpool*

WELSH
GRAMMAR

Sentences

Sentences in Welsh begin with the verb. This is followed by the subject (the 'doer' of the sentence).

All verbs in Welsh sentences can be in two parts:

1. The verb 'to be', which gives the 'time' and 'person' of the following verb.
2. The main sentence verb.

The subject is put between these two, and the second verb is linked by a joining word, ''n' or 'yn':

The object is then put after the second verb.

VERB 'TO BE'	SUBJECT	VERB	REST OF SENTENCE
e.g.			
Mae	Siân	yn prynu	record.
	Siân	*is buying*	*a record.*

To form the past tense ('have' or 'has' in English), simply replace 'yn' by 'wedi':

e.g.			
Mae	Siân	wedi prynu	record.
	Siân	*has bought*	*a record.*

Present Tense
Bod (to be)

rwy	*I am*	Other form used when speaking:
rwyt ti	*you are*	wi, dwi, rydw i
mae e	*he/it is*	
mae hi	*she/it is*	
mae Huw	*Huw is*	
mae'r plant	*the children are*	
r'yn ni	*we are*	
r'ych chi	*you are*	
maen nhw	*they are*	

(**NOTE:** The form 'ti' (*you*) is used with friends, the family and animals. It corresponds to the old English 'thou'. 'Chi'(*you*) is used for people you don't know so well, and for the plural meaning of *you*.)

In sentences:

verb 'to be'	subject	verb	object	meaning
Rwy	(fi)	'n codi.		*I'm getting up.*
Rwyt	ti	'n gyrru	car.	*You're driving a car.*
Mae	e	'n dod.		*He's coming.*
Mae	hi	'n mynd.		*She's going.*
Mae	Huw	'n bwyta	cinio.	*Huw is eating lunch.*
R'yn	ni	'n yfed	cwrw.	*We're drinking beer.*
R'ych	chi	'n aros.		*You're waiting.*
Maen	nhw	'n gwerthu	cardiau.	*They're selling cards.*

Question forms:

Answers:

Question		Yes	No
ydw i?	*am I?*	ydw (*I am*)	Na
wyt ti?	*are you?*	wyt (*you are*)	Na
ydy e?	*is he/it?*	ydy (*he/it is*)	Na
ydy hi?	*is she/it?*	ydy (*she/it is*)	Na
ydy Huw?	*is Huw?*	ydy (*Huw is*)	Na
ydy'r plant?	*are the children?*	ydyn (*they are*)	Na
ydyn ni?	*are we?*	ydyn (*we are*)	Na
ydych chi?	*are you?*	ydych (*you are*)	Na
ydyn nhw?	*are they?*	ydyn (*they are*)	Na
oes?	*is/are they?*	oes (*there is/are*)	Na/Nac oes

In questions:

verb 'to be'	subject	verb	object	meaning
Ydw	i	'n dal	bws?	*Am I catching a bus?*
Wyt	ti	'n hoffi	coffi?	*Do you like coffee?*
Ydy	e	'n gallu	nofio?	*Is he able to swim?*
Ydy	hi	'n yfed	jin?	*Is she drinking gin?*
Ydy	Huw	'n yfed	cwrw?	*Is Huw drinking beer?*
Ydy	'r plant	yn yfed	pop?	*Are the children drinking pop?*
Ydyn	ni	'n hoffi	disgos?	*Do we like discos?*
Ydyn	nhw	'n prynu	tocyn?	*Are they buying a ticket?*
Oes	rhywun	yn bwyta	cinio?	*Is [there] anyone eating dinner?*

Notice that the question can either mean '*am I*' or '*do I*' etc.

Negative forms:

		Other forms sometimes heard
dw i ddim	*I am not*	dydw i ddim
dwyt ti ddim	*you are not*	
dyw e ddim	*he/it is not*	dydy e ddim
dyw hi ddim	*she/it is not*	dydy hi ddim
dyw Huw ddim	*Huw is not*	dydy Huw ddim
dyw'r plant ddim	*the children are not*	dydy'r plant ddim
dyn ni ddim	*we are not*	dydyn ni ddim
dych chi ddim	*you are not*	dydych chi ddim
dyn nhw ddim	*they are not*	dydyn nhw ddim
does dim	*there isn't/aren't*	

In sentences:

verb 'to be'	subject	ddim (*not*)	verb	object	meaning
Dw	i	ddim	yn prynu	record.	*I'm not buying a record.*
Dwyt	ti	ddim	yn chwarae	rygbi.	*You're not playing rugby.*
Dyw	e	ddim	yn dal	bws.	*He isn't catching a bus.*
Dyw	hi	ddim	yn dal	trên.	*She isn't catching a train.*
Dyw	Huw	ddim	yn yfed	cwrw.	*Huw isn't drinking beer.*
Dyw	'r plant	ddim	yn bwyta	tomatos.	*The children aren't eating tomatoes.*
Dyn	ni	ddim	yn bwyta	reis.	*We're not eating rice.*
Dych	chi	ddim	yn hoffi	coffi.	*You don't like coffee.*
Dyn	nhw	ddim	yn hoffi	toffi.	*You don't like toffee.*
Does	neb		yn yfed	dŵr	*No-one is drinking water.*

Past Perfect Tense 'Has' and 'Have':

The same as the present tense, but replace 'yn' by 'wedi'.

In sentences:

verb 'to be'	subject	verb	object	meaning
Rwy	(fi)	wedi codi.		*I have got up.*
Rwyt	ti	wedi gyrru	car.	*You have driven a car.*
Mae	e	wedi dod.		*He has come.*
Mae	hi	wedi mynd.		*She has gone.*
Mae	Huw	wedi bwyta	cinio.	*Huw has eaten lunch.*
Mae	'r plant	wedi yfed	pop.	*The children have drunk pop.*
R'yn	ni	wedi yfed	cwrw.	*We have drunk beer.*

R'ych	chi	wedi aros.		*You have waited.*
Maen	nhw	wedi gwerthu	cardiau.	*They have sold cards.*

The questions and negative forms also correspond to the present tense, once again replacing 'yn' by 'wedi'.

Future Tense:

bydda i	*I will, I shall*
byddi di	*you will*
bydd e	*he/it will*
bydd hi	*she/it will*
bydd Siân	*Siân will*
bydd y plant	*the children will*
byddwn ni	*we will, we shall*
byddwch chi	*you will*
byddan nhw	*they will*

In sentences:
Bydda i'n mynd.   *I shall go.*
Bydd hi wedi darllen y llyfr. *She will have read the book.*

Questions in future tense:

Answers:

		Yes	No
Fydda i?	*Will I?*	Bydda. (*I will*)	Na
Fyddi di?	*Will you?*	Byddi. (*you will*)	Na
Fydd e?	*Will he/it?*	Bydd. (*he/it will*)	Na
Fydd hi?	*Will she/it?*	Bydd. (*she/it will*)	Na
Fydd Siân?	*Will Siân?*	Bydd. (*Siân will*)	Na
Fydd y plant?	*Will the children?*	Byddan. (*they will*)	Na
Fyddwn ni?	*Will we?*	Byddwn. (*we will*)	Na
Fyddwch chi?	*Will you?*	Byddwch. (*you will*)	Na
Fyddan nhw?	*Will they?*	Byddan. (*they will*)	Na

Negative forms in sentences:
Put 'ddim' after subject:

    Bydda i ddim yn mynd   *I shall not go.*
or Fydda i ddim yn mynd

Past Imperfect Tense: 'Was' and 'Were'

		other more literary forms:
ro'n i	*I was*	roeddwn i
ro't ti	*you were*	roeddet ti
roedd e	*he/it was*	
roedd hi	*she/it was*	
roedd Huw	*Huw was*	
roedd y plant	*the children were*	
ro'n ni	*we were*	roedden ni
ro'ch chi	*you were*	roeddech chi
ro'n nhw	*they were*	roedden nhw

In sentences:

verb 'to be'	subject	verb	object	meaning
Ro'n	i	'n gyrru	car.	*I was driving a car.*
Ro't	ti	'n darllen	papur.	*You were reading a paper.*
Roedd	e	'n prynu	record.	*He was buying a record.*
Roedd	hi	'n golchi	llestri.	*She was washing dishes.*
Roedd	Siân	yn prynu	peint.	*Siân was buying a pint.*
Roedd	y plant	yn yfed	pop.	*The children were drinking pop.*
Ro'n	ni	'n darllen	papur.	*We were reading a paper.*
Ro'ch	chi	'n prynu	tocyn.	*You were buying a ticket.*
Ro'n	nhw	'n dal	tacsi.	*They were catching a taxi.*

Question forms:

		Answers	
		Yes	*No*
O'n i?	*Was I?*	O'n. (*I was*)	Na
O't ti?	*Were you?*	O't. (*you were*)	Na
Oedd e?	*Was he/it?*	Oedd. (*he/it was*)	Na
Oedd hi?	*Was she/it?*	Oedd. (*she/it was*)	Na
Oedd Huw?	*Was Huw?*	Oedd. (*Huw was*)	Na
Oedd y plant?	*Were the children?*	O'n. (*they were*)	Na
O'n ni?	*Were we?*	O'n. (*we were*)	Na
O'ch chi?	*Were you?*	O'ch. (*you were*)	Na
O'n nhw?	*Were they?*	O'n. (*they were*)	Na

Negative forms:

do'n i ddim	*I wasn't*
do't ti ddim	*you weren't*
doedd e ddim	*he/it wasn't*
doedd hi ddim	*she/it wasn't*
doedd Huw ddim	*Huw wasn't*
doedd y plant ddim	*the children weren't*
do'n ni ddim	*we weren't*
do'ch chi ddim	*you weren't*
do'n nhw ddim	*they weren't*
doedd dim	*there wasn't/weren't*

These are used in sentences as with the present tense.

Pluperfect Tense: 'Had'

Using the same forms as above ('ro'n i' etc.), replace 'yn' by 'wedi':

ro'n i wedi	*I had*
ro't ti wedi	*you had*
roedd e wedi	*he/it had*
rocdd hi wedi	*she/it had*
Roedd Siân wedi	*Siân had*
Roedd y plant wedi	*the children had*
Ro'n ni wedi	*we had*
Ro'ch chi wedi	*you had*
Ro'n nhw wedi	*they had*

In sentences:

verb 'to be'	subject	verb	object	meaning
Ro'n	i	wedi prynu	record.	*I had bought a record.*
Ro't	ti	wedi gyrru	car.	*You had driven a car.*
Roedd	e	wedi dal	tacsi.	*He had caught a taxi.*
Roedd	hi	wedi reidio	beic.	*She had ridden a bike.*
Roedd	Siân	wedi bwyta	cinio.	*Siân had eaten lunch.*
Roedd	y plant	wedi chwarae	cardiau.	*The children had played cards.*
Ro'n	ni	wedi yfed	gwin.	*We had drunk wine.*
Ro'ch	chi	wedi yfed	fodca.	*You had drunk vodka.*
Ro'n	nhw	wedi dal	bws.	*They had caught a bus.*

Question forms:		Answers	
		Yes	No
O'n i wedi?	*Had I?*	O'n. (*I had*)	Na
O't ti wedi?	*Had you?*	O't. (*you had*)	Na
Oedd e wedi?	*Had he/it?*	Oedd. (*he/it had*)	Na
Oedd hi wedi?	*Had she/it?*	Oedd. (*she/it had*)	Na
Oedd Huw wedi?	*Had Huw?*	Oedd. (*Huw had*)	Na
Oedd y plant wedi?	*Had the children?*	O'n. (*they had*)	Na
O'n ni wedi?	*Had we?*	O'n. (*we had*)	Na
O'ch chi wedi?	*Had you?*	O'ch. (*you had*)	Na
O'n nhw wedi?	*Had they?*	O'n. (*they had*)	Na

Negative forms:
Do'n i ddim wedi
etc.
(see the equivalent forms for 'was' and 'were' above)

Past Tense: Short Form

The following endings are put at the end of verb stems to form the past:

-es i	*I-ed*
-est ti	*you-ed*
-odd e	*he-ed*
-odd hi	*she-ed*
-odd Siân	*Siân-ed*
-odd y plant	*the children-ed*
-on ni	*we-ed*
-och chi	*you-ed*
-on nhw	*they-ed*

e.g.

prynu	*to buy*
prynes i	*I bought*
prynest ti	*you bought*
prynodd e	*he bought*
prynodd hi	*she bought*
prynodd Siân	*Siân bought*
prynon ni	*we bought*
prynoch chi	*you bought*
prynon nhw	*they bought*

22

Objects which follow the short form mutate, e.g.

prynes i lyfr	*I bought a book*
but prynes i'r llyfr	*I bought the book*

Negative of short forms:
First letter can mutate:

phrynes i *ddim* llyfr	*I didn't buy a book*
phrynes i *mo'r* llyfr	*I didn't buy the book*

Here are the stems of some commonly used verbs. Verb stems are usually found by omitting last vowel, e.g. prynu (*to buy*): pryn-; cofio (*remember*): cofi-.

to walk	cerdded: cerdd-
to eat	bwyta: bwyt-
to see	gweld: gwel-
to drink	yfed: yf-
to read	darllen: darllen-
to open	agor: agor-
to close	cau: cae-
to look	edrych: edrych-
to drive	gyrru: gyrr-
to run	rhedeg: rhed-
to give	rhoi: rhoi-
to wear	gwisgo: gwisg-
to sell	gwerthu: gwerth-
to wait, stay	aros: arhos-
to wash	golchi: golch-

The following verbs are irregular:

mynd	*to go*	es i, est ti, aeth e, aeth hi, aethon ni, aethoch chi, aethon nhw
do	*to come*	des i, dest ti, daeth e, daeth hi, daethon ni, daethoch chi, daethon nhw
gwneud	*to do*	gwnes i, gwnest ti, gwnaeth e, gwnaeth hi, gwnaethon ni, gwnaethoch chi, gwnaethon nhw
cael	*to have*	ces i, cest ti, cafodd e, cafodd hi, cawson ni, cawsoch chi, cawson nhw
bod	*to be*	bues i, buest ti, buodd e, buodd hi, buon ni, buoch chi, buon nhw

23

Adjectives

Here are some common adjectives:

bach	*small*	tal	*tall*
mawr	*big*	byr	*short*
glân	*clean*	hir	*long*
brwnt	*dirty*	prydferth	*beautiful*
pert	*pretty*	sych	*dry*
salw	*ugly*	gwlyb	*wet*
braf	*fine*	heulog	*sunny*

Adjectives are usually put after the noun:

tŷ mawr	*a big house*
dyn bach	*a small man*
tywydd sych	*dry weather*

Using adjectives after the verb 'to be'

Adjectives can be used after the verb 'to be'. When talking about the weather, 'hi' (*she*) is always used to translate 'it':

Mae hi'n braf.	*It's fine.*
Mae hi'n sych.	*It's dry.*
Mae hi'n wlyb.	*It's wet.*
Mae hi'n heulog.	*It's sunny.*

The pattern is the same in the future:

Bydd hi'n braf.	*It will be fine.*
Bydd hi'n sych.	*It will be dry.*
Bydd hi'n wlyb.	*It will be wet.*
Bydd hi'n heulog.	*It will be sunny.*

Adverbs

Adverbs are formed by putting 'yn' before the adjective:

araf	*slow*	yn araf	*slowly*
cyflym	*quick*	yn gyflym	*quickly*
da	*good*	yn dda	*well*

The Definite Article 'The'

'y' is used before consonants:	y tŷ	*the house*
	y dyn	*the man*
	y plant	*the children*
	y dre	*the town*
'yr' is used before vowels:	yr ysgol	*the school*
	yr ardd	*the garden*
	yr afon	*the river*
''r' is used after vowels:	i'r tŷ	*to the house*
	i'r dre	*to the town, to town*
	i'r ysgol	*to the school, to school*

The Indefinite Article 'A'

There is no word in Welsh for 'a'. Just use the noun on its own:

tŷ	*a house*
radio	*a radio*
teledu	*a television*

Prepositions

Prepositions are used just as in English. These are the most common prepositions:

i	*to*	dros	*over*
ar	*on*	trwy	*through*
wrth	*by*	dan	*under*
at	*to, towards*	am	*for*
heb	*without*	â	*with*
yn	*in*	o	*of, from*

e.g.

wrth y bwrdd	*at the table*
yn y dre	*in the town*
ar y plât	*on the plate*
trwy'r drws	*through the door*

When prepositions are used with the verb 'to be', the verbal 'yn' is not put after the subject:

Mae'r radio ar y piano.   *The radio is on the piano.*
Mae'r beic yn y garej.   *The bike is in the garage.*
Mae brecwast ar y bwrdd.   *Breakfast is on the table.*

Feminine and Masculine Nouns

Most nouns in Welsh are either masculine or feminine. Some are obviously masculine or feminine:

masculine		**feminine**	
tad	*father*	mam	*mother*
dyn	*man*	menyw	*woman*
bachgen	*boy*	merch	*girl*
mab	*son*	merch	*daughter*
tad-cu	*grandfather*	mam-gu	*grandmother*
ewythr	*uncle*	modryb	*aunt*

Most others are either masculine or feminine:

bwrdd	*table*	cadair	*chair*
pentre	*village*	tre	*town*
papur	*paper*	stryd	*street*
tŷ	*house*	gardd	*garden*
llyfr	*book*	gwlad	*country*
car	*car*	coeden	*tree*

Some can be both masculine and feminine:

cwpan	*cup*
cinio	*dinner, lunch*
cyngerdd	*concert*

Mutations

Nine consonants at the beginning of words can change. This change is called 'mutation'. There are three forms of mutation. (The mutations make the language sound better, but they don't generally change the meaning. Don't worry too much if you don't use them correctly: many people don't!)

Soft mutation

c	>	g	g	>	(disappears)	ll	>	l
p	>	b	b	>	f	m	>	f
t	>	d	d	>	dd	rh	>	r

This change occurs in the following circumstances (and in many others):

1 Feminine nouns after 'y' (*the*):

| mam | *mother* | y fam | *the mother* |
| tre | *town* | y dre | *the town* |

2 Adjectives after feminine singular nouns:

| mam + da | mam dda | *a good mother* |
| tre + mawr | tre fawr | *a big town* |

3 After many prepositions:

| i + Caerdydd | i Gaerdydd | *to Cardiff* |
| o + Bangor | o Fangor | *from Bangor* |

4 Adjectives after 'yn':

| yn + da | yn dda | *well* |
| yn + cyflym | yn gyflym | *quickly* |

5 After 'dau' (*two, masculine*) and 'dwy' (*two, feminine*)

| dau + dyn | dau ddyn | *two men* |
| dwy + menyw | dwy fenyw | *two women* |

Nasal mutation

c	>	ngh		g	>	ng
p	>	mh		b	>	m
t	>	nh		d	>	n

This change occurs in the following circumstances:

1 After 'fy' (*my*):

| fy + tad | fy nhad | *my father* |
| fy + papur | fy mhapur | *my paper* |

2 After 'yn' (*in*). Note that 'yn' also changes:

yn + Bangor	ym Mangor	*in Bangor*
yn + Caerdydd	yng Nghaerdydd	*in Cardiff*
yn + Pen-y-bont	ym Mhen-y-bont	*in Bridgend*
yn + Gwent	yng Ngwent	*in Gwent*
yn + Tal-y-bont	yn Nhal-y-bont	*in Tal-y-bont*
yn + Dinbych	yn Ninbych	*in Denbigh*

Aspirate mutation

| c | > | ch | p | > | ph | t | > | th |

These change in the following circumstances:

1 After 'a' *(and)*:

| papur + pensil | papur a phensil | *paper and pencil* |
| mam + tad | mam a thad | *mother and father* |

2 After 'â' *(with)*:

| â + pensil | â phensil | *with a pencil* |
| â + cyllell | â chyllell | *with a knife* |

3 After 'tri' *(three)* and 'chwe' *(six)*:

| tri + plentyn | tri phlentyn | *three children* |
| chwe + car | chwe char | *six cars* |

WORDS
AND PHARSES

Numbers

1 un

2 dau (m); dwy (f)

3 tri (m); tair (f)

4 pedwar (m); pedair (f)

5 pum; pump

6 chwe; chwech

7 saith

8 wyth

9 naw

10 deg

11 un deg un

12 un deg dau; deuddeg (*with time and money*)

13 un deg tri; tri ar ddeg (*with time and money*)

14 un deg pedwar; pedwar ar ddeg (*with time and money*)

15 un deg pump; pymtheg

16 un deg chwe(ch); un ar bymtheg (*with time and money*)

17 un deg saith; dau ar bymtheg (*with time and money*)

18 un deg wyth; deunaw (*with time and money*)

19 un deg naw; pedwar ar bymtheg (*with time and money*)

20 dau ddeg; ugain

30 tri deg

31 tri deg un

32 tri deg dau

40 pedwar deg; deugain (*with time and money*)

41 pedwar deg un

42 pedwar deg dau

50 pum deg; hanner cant

51 pum deg un

52 pum deg dau

60 chwe deg; trigain (*with time and money*)

61 chwe deg un

62 chwe deg dau

70 saith deg

71 saith deg un

72 saith deg dau

80 wyth deg; pedwar ugain (*with time and money*)

81	wyth deg un
82	wyth deg dau
90	naw deg
91	naw deg un
92	naw deg dau
100	cant
1000	mil
1000 000	miliwn

After numbers, the singular noun is used:

| deg car | *ten cars* |
| wyth beic | *eight bikes* |

With higher numbers, the plural noun is used after 'o' *(of)*:

| tri deg o bapurau | *thirty papers* |
| cant o setiau | *a hundred sets* |

Time

Faint o'r gloch yw hi?	*What time is it?*
Faint yw hi?	*What is it?*
Mae hi'n... o'r gloch	*It is... o'clock*
(soft mutation after 'n')	
mae hi'n un o'r gloch	*it's one o'clock*
mae hi'n ddau o'r gloch	*it's two o'clock*
mae hi'n dri o'r gloch	*it's three o'clock*
mae hi'n bedwar o'r gloch	*it's four o'clock*
mae hi'n bump o'r gloch	*it's five o'clock*
mae hi'n chwech o'r gloch	*it's six o'clock*
mae hi'n saith o'r gloch	*it's seven o'clock*
mae hi'n wyth o'r gloch	*it's eight o'clock*
mae hi'n naw o'r gloch	*it's nine o'clock*
mae hi'n ddeg o'r gloch	*it's ten o'clock*
mae hi'n un ar ddeg o'r gloch	*it's eleven o'clock*
mae hi'n ddeuddeg o'r gloch	*it's twelve o'clock*
chwarter wedi...	*quarter past...*
mae hi'n chwarter wedi wyth	*it's a quarter past eight*

chwarter i…	quarter to…
(followed by soft mutation)	
mae hi'n chwarter i ddau	it's a quarter to two
hanner awr wedi	half past
mae hi'n chwarter wedi pedwar	it's a quarter past four
pum munud wedi…	five past…
mae hi'n bum munud wedi naw	it's five past nine
pum munud i…	five to…
(followed by soft mutation)	
mae hi'n bum munud wedi bump	it's five past five
deg munud wedi…	ten past…
mae hi'n bum munud wedi un	it's five past one
deg munud i…	ten to…
(followed by soft mutation)	
mae hi'n ddeg munud i un ar ddeg	it's ten to eleven
ugain munud wedi…	twenty past…
mae hi'n ugain munud wedi saith	it's twenty past seven
ugain munud i…	twenty to…
(followed by soft mutation)	
mae hi'n ugain munud i dri	it's twenty to three
pum munud ar hugain wedi…	twenty five past…
mae hi'n bum munud ar hugain wedi naw	it's twenty five past nine
pum munud ar hugain i…	twenty five to…
(followed by soft mutation)	
mae hi'n bum munud ar hugain i bedwar	it's twenty five to four

---

Money

	punt (pound)	ceiniog (penny)
1	un bunt	un geiniog
2	dwy bunt	dwy geiniog
3	tair punt	tair ceiniog
4	pedair punt	pedair ceiniog
5	pum punt	pum ceiniog
6	chwe phunt	chwe cheiniog
7	saith punt	saith ceiniog

8	wyth punt		wyth ceiniog
9	naw punt		naw ceiniog
10	deg punt		deg ceiniog
11	un deg un bunt		un deg un geiniog
12	deuddeg punt		deuddeg ceiniog
15	pymtheg punt		pymtheg punt
20	ugain punt		ugain ceiniog
30	tri deg punt		tri deg ceiniog
40	pedwar deg punt		pedwar deg ceiniog
50	hanner can punt		hanner can ceiniog
100	can punt		

Weights

owns	*ounce*
pwys	*pound (lb)*
stôn	*stone*
pwys o datws	*a pound of potatoes*
hanner pwys	*half a pound*

Days of the Week

dydd Llun	*Monday*
dydd Mawrth	*Tuesday*
dydd Mercher	*Wednesday*
dydd Iau	*Thursday*
dydd Gwener	*Friday*
dydd Sadwrn	*Saturday*
dydd Sul	*Sunday*

Nights of the Week

nos Lun	*Monday night*
nos Fawrth	*Tuesday night*
nos Fercher	*Wednesday night*
nos Iau	*Thursday night*
nos Wener	*Friday night*
nos Sadwrn	*Saturday night*
nos Sul	*Sunday night*

Months of the Year

Ionawr	*January*	ym mis Ionawr	*in January*
Chwefror	*February*	ym mis Chwefror	*in February*
Mawrth	*March*	ym mis Mawrth	*in March*
Ebrill	*April*	etc.	
Mai	*May*		
Mehefin	*June*		
Gorffennaf	*July*		
Awst	*August*		
Medi	*September*		
Hydref	*October*		
Tachwedd	*November*		
Rhagfyr	*December*		

Seasons

gwanwyn	*spring*	yn y gwanwyn	*in spring*
haf	*summer*	yn yr haf	*in summer*
hydref	*autumn*	yn yr hydref	*in autumn*
gaeaf	*winter*	yn y gaeaf	*in winter*

Holidays and Festivals

y Nadolig	*Christmas*
y Pasg	*Easter*
y Sulgwyn	*Whitsun*
Gŵyl banc	*Bank holiday*
gwyliau'r haf	*summer holidays*
gwyliau'r Nadolig	*Christmas holidays*
gwyliau tramor	*holidays abroad*
gwyliau gartref	*holidays at home*

Countries

America	*America*
Awstralia	*Australia*
Awstria	*Austria*
Cernyw	*Cornwall*
Cymru	*Wales*
Ffrainc	*France*
Groeg	*Greece*
Gwlad Belg	*Belgium*
Gwlad Pŵyl	*Poland*
Iwerddon	*Ireland*
Lloegr	*England*
Llydaw	*Brittany*
Norwy	*Norway*
Rwsia	*Russia*
Sbaen	*Spain*
y Swistir	*Switzerland*
yr Alban	*Scotland*
yr Almaen	*Germany*
yr Eidal	*Italy*

Place names

Aberdâr	*Aberdare*
Aberdaugleddau	*Milford Haven*
Aberhonddu	*Brecon*
Abermo	*Barmouth*
Abertawe	*Swansea*
Aberteifi	*Cardigan*
Bae Colwyn	*Colwyn Bay*
Bryste	*Bristol*
Caerdydd	*Cardiff*
Caerffili	*Caerphilly*
Caergybi	*Holyhead*
Casllwchwr	*Loughor*
Casnewydd	*Newport*
Castell-nedd	*Neath*

Dinbych	*Denbigh*
Dinbych-y-pysgod	*Tenby*
Dulyn	*Dublin*
Hendy-gwyn	*Whitland*
Lerpwl	*Liverpool*
Llundain	*London*
Merthyr Tudful	*Merthyr Tydfil*
Morgannwg	*Glamorgan*
Pen-y-bont	*Bridgend*
Penfro	*Pembroke*
Rhufain	*Rome*
Rhydychen	*Oxford*
Talyllychau	*Talley*
Trefdraeth	*Newport (Pemb.)*
Wrecsam	*Wrexham*
Y Barri	*Barry*
Y Fenni	*Abergavenny*
Y Trallwng	*Welshpool*

Questions

What?
What's your name?
What's… in Welsh?
What's the price of the…?
What's the price of the record?

Beth?
Beth yw'ch enw chi?
Beth yw… yn Gymraeg?
Beth yw pris y…?
Beth yw pris y record?

Where?
Where's…?
Where's the station?
Where do you live?
Where do you come from?

Ble?
Ble mae…?
Ble mae'r orsaf?
Ble ych chi'n byw?
O ble r'ych chi'n dod?
Un o ble ych chi?

When?
When does the train leave?
When does the film start?
When does the bus arrive?

Pryd?
Pryd mae'r trên yn gadael?
Pryd mae'r ffilm yn dechrau?
Pryd mae'r bws yn cyrraedd?

How much?	**Faint?**
How much is it?	Faint yw e?
How much are they?	Faint y'n nhw?
May I…/May I have…?	**Ga i?**
May I have a pint?	Ga i beint?
May I help?	Ga i helpu?
Who?	**Pwy?**
Who's coming?	Pwy sy'n dod?
Who are you?	Pwy ydych chi?
Who's there?	Pwy sy 'na?
Have you got…?	Oes… 'da chi?
Have you got a car?	Oes car 'da chi?
Have you got a ticket?	Oes tocyn 'da chi?
How?	**Sut? Shwd?**
How are you?	Sut 'dach chi? (in North Wales)
	Shwd 'ych chi? (in South Wales)
Why?	**Pam?**
Why is hc coming?	Pam mae e'n dod?
Why are we going?	Pam r'yn ni'n mynd?

Greetings

Hello	Helô
Hi!	Shw'mae (South Wales)
	S'mae (North Wales)
How are you?	Shwd 'ych chi (South Wales)
	Sut 'dach chi (North Wales)
Good morning	Bore da
Good afternoon	Prynhawn da
Good evening	Noswaith dda
Good night	Nos da
Good bye	Pob hwyl; hwyl; da boch chi
Good health!	Iechyd da!

Come in	Dewch i mewn
Happy birthday!	Pen blwydd hapus!
Merry Christmas!	Nadolig Llawen!
Pleased to meet you	Falch i gwrdd â chi
I'm John	John ydw i
This is Jane	Dyma Jane
All the best!	Pob hwyl!
Welcome	Croeso
Sit down	Eisteddwch
Excuse me	Esgusodwch fi
It's fine	Mae hi'n braf
Speak slowly	Siaradwch yn araf
Once again	Unwaith eto
I'm learning Welsh	Rwy'n dysgu Cymraeg

Replies and Thanks

Very well thanks	Da iawn diolch
Fine thanks	Iawn diolch
All right	Gweddol
Thank you very much	Diolch yn fawr iawn
Thank you	Diolch yn fawr
Thanks	Diolch
Welcome!	Croeso!
Please	Os gwelwch yn dda

EVERYDAY
SITUATIONS

On the phone

telephone	ffôn
Hello.	Helô.
Good morning!	Bore da!
Good afternoon!	P'nawn da!
May I speak to Siân?	Ga i siarad â Siân?
Excuse me	Esgusodwch fi
Who's speaking?	Pwy sy'n siarad?
John speaking.	John sy'n siarad.
Joan here.	Joan sy 'ma.
Wrong number.	Rhif anghywir.
I'm sorry.	Mae'n flin 'da fi.

Ar y ffôn

telephone	ffôn
Hello.	Helô.
Good morning!	Bore da!
Good afternoon!	P'nawn da!
May I speak to Siân?	Ga i siarad â Siân?
Excuse me	Esgusodwch fi
Who's speaking?	Pwy sy'n siarad?
John speaking.	John sy'n siarad.
Joan here.	Joan sy 'ma.
Wrong number.	Rhif anghywir.
I'm sorry.	Mae'n flin 'da fi.

At the Post Office   Yn Swyddfa'r Post

Make phrases using words from each column.

1 stamp	un stamp	os gwelwch yn dda
1st class stamp	stamp dosbarth cyntaf	please
2nd class stamp	stamp ail ddosbarth	
a book of stamps	llyfr stampiau	
a £2 phonecard	cerdyn ffôn dwy bunt	
a £5 phonecard	cerdyn ffôn pum punt	

Post Office	Swyddfa'r Post
letter	llythyr
postcard	cerdyn post
parcel	parsel
I want to send a letter.	Rwy'n moyn anfon llythyr.
I want to send a card.	Rwy'n moyn anfon cerdyn.
to America	i America
to Germany	i'r Almaen
to Europe	i Ewrop
How much is it?	Faint yw e?
May I telephone?	Ga i ffonio?

five first class stamps	pum stamp dosbarth cyntaf	
five second class stamps	pum stamp ail ddosbarth	
I want to post a letter.	Rwy'n moyn postio llythyr.	

Asking the way **Gofyn y ffordd**

Ask questions using words from each column.

Ble mae'r... ?	gwesty	*hotel*
Where's the... ?	pwll nofio	*swimming pool*
	traeth	*beach*
	castell	*castle*

Where's...?	Ble mae...?
Where's the...?	Ble mae'r...?
Where are...?	Ble mae...?
Where are the...?	Ble mae'r...?
Where's the hotel?	Ble mae'r gwesty?
Where's the pub?	Ble mae'r dafarn?
Where's the station?	Ble mae'r orsaf?
library?	llyfrgell?
bus station?	orsaf bysiau?
house?	tŷ?
theatre?	theatr?
cinema	sinema?
college?	coleg?
market?	farchnad?
shop?	siop?
park?	parc?
river?	afon?
street?	stryd?
square?	sgwâr?
bank?	banc?
Where's Lloyd's Bank?	Ble mae banc Lloyds?
Where are the shops?	Ble mae'r siopau?

| Where are the taxis? | Ble mae'r tacsis? |
| Where are the docks? | Ble mae'r dociau? |

Replies / Atebion

on the right	ar y dde
It's on the right.	Mae e ar y dde.
on the left	ar y chwith
It's on the left.	Mae e ar y chwith.
straight ahead	yn syth ymlaen
It's straight ahead.	Mae e'n syth ymlaen.
opposite	gyferbyn â
It's opposite the bank.	Mae e gyferbyn â'r banc.
Go…	Ewch…
Go to the left.	Ewch i'r chwith.
Go to the right.	Ewch i'r dde.
Turn…	Trowch…
Turn to the right.	Trowch i'r dde.
Turn to the left.	Trowch i'r chwith.

Asking for drinks / Gofyn am ddiod

Ask questions using words from each column.

Ga i…?	beint o gwrw	a pint of beer
May I have…?	wydraid o win	a glass of wine
	hanner peint o lager	a half pint of lager
	sudd oren	orange juice

May I have…?	Ga i… (followed by soft mutation, not essential to be understood)
Yes	Cewch
No	Na
I would like to have…	Hoffwn i gael…
I want…	Rwy'n moyn…

please	os gwelwch yn dda
a pint	peint
a pint of beer	peint o gwrw
a pint of bitter	peint o chwerw
a pint of lager	peint o lager
a pint of Guinness	peint o Guinness
half a pint	hanner peint
half a pint of beer	hanner peint o gwrw
two pints	dau beint
two pints of beer	dau beint o gwrw
three pints	tri pheint
three pints of beer	tri pheint o gwrw
one red wine	un gwin coch
one white wine	un gwin gwyn
one dry white wine	un gwin gwyn sych
one sweet white wine	un gwin gwyn melys
two red wines	dau win coch
two white wines	dau win gwyn
one pint of beer	un peint o gwrw
and one white wine	ac un gwin gwyn
orange juice	sudd oren
apple juice	sudd afal
a bottle of…	potelaid o… (followed by soft mutation)
water	dŵr
with ice	gyda iâ
do you want ice?	ydych chi'n moyn iâ?
	ydych chi eisiau iâ?

Asking for food   **Gofyn am fwyd**

Make sentences and ask questions using words from each column.

Hoffwn i gael *I would like to have*	tatws	*potatoes*
	pys	*peas*
	cig	*meat*
Hoffech chi gael…?	pysgodyn	*fish*
Would you like…?	ffrwythau	*fruit*

May I have…?	Ga i…? (followed by soft mutation)
Would you like to have…?	Hoffech chi gael…?
Yes	Hoffwn
No	Na
I would like to have…	Hoffwn i gael…
I want…	Rwy'n moyn…
please	os gwelwch yn dda
a meal	pryd o fwyd
a table for two	bwrdd i ddau
a table for four	bwrdd i bedwar
potatoes	tatws
chips	sglodion
baked potatoes	tatws trwy'u crwyn
boiled potatoes	tatws wedi'u berwi
roast potatoes	tatws rhost
meat	cig
lamb	oen
beef	eidion
pork	porc
steak	stecen
fish	pysgodyn
salmon	eog, samwn
plaice	lleden
soup	cawl
sauce	saws
sweet	pwdin

vegetables	llysiau
cabbage	bresych
carrots	moron
peas	pys
tomatoes	tomatos
fruit	ffrwythau
apples	afalau
oranges	orenau
pears	gellyg
plums	eirin
pineapple	pinafal
sausages	selsig
egg	wy
fried egg	wy wedi'i ffrio
boiled egg	wy wedi'i ferwi
omelette	omled
salt	halen
sugar	siwgr
How much is the…?	Faint yw'r…?
The bill please.	Y bil os gwelwch yn dda.
May I have the bill?	Ga i'r bil?

Talking about the weather   Siarad am y tywydd

Make sentences and ask questions using words from each column.

Mae hi'n	bwrw glaw	*raining*
It is	braf	*fine*
	sych	*dry*
Ydy hi'n…?	oer	*cold*
Is it…?	boeth	*hot*

It's fine today.	Mae hi'n braf heddiw.
It's raining.	Mae hi'n bwrw glaw.
It's cloudy.	Mae hi'n gymylog.

It's cold.	Mae hi'n oer.
It's wet.	Mae hi'n wlyb.
Is it raining?	Ydy hi'n bwrw glaw?
Yes	Ydy
No	Nac ydy
Is it snowing?	Ydy hi'n bwrw eira?
Is it sunny?	Ydy hi'n heulog?
Will it be fine tomorrow?	Fydd hi'n braf yfory?
Yes	Bydd
No	Na fydd
Will it rain tomorrow?	Fydd hi'n bwrw glaw yfory?
How's the weather now?	Sut mae'r tywydd nawr?

Talking about countries   Siarad am wledydd

Make sentences and ask questions using words from each column.

Rwy wedi bod i	'r Almaen	Germany
I have been to	Ffrainc	France
Ydych chi wedi bod i…?	'r Eidal	Italy
Have you been to…?	Sbaen	Spain
	America	America

I've been to…	Rwy wedi bod i… (followed by soft mutation)
I've been to Germany.	Rwy wedi bod i'r Almaen.
Have you been to…?	Ydych chi wedi bod i…? (followed by soft mutation)
Have you been to Spain?	Ydych chi wedi bod i Sbaen?
Yes	Ydw
No	Na
I haven't been to Spain.	Dw i ddim wedi bod i Sbaen.
this year	eleni
I'm going to Germany this year.	Rwy'n mynd i'r Almaen eleni.
last year	y llynedd

I was in Italy last year.		Ro'n i yn yr Eidal y llynedd.
Do you like Spain?		Ydych chi'n hoffi Sbaen?
Yes I like Spain a lot.		Ydw, rwy'n hoffi Sbaen yn fawr.
It's warm in Spain.		Mae hi'n dwym yn Sbaen.

Saying what you like   Dweud beth rydych chi'n hoffi

Make sentences and ask questions using words from each column.

Ydych chi'n hoffi…?	bwyta mas	eating out
Do you like…?	mynd i'r theatr	going to the theatre
	mynd i'r sinema	going to the cinema
Rwy'n hoffi	cwrw potel	bottle beer
I like	recordiau pop	pop records
	cerdded	walking
Dw i ddim yn hoffi	nofio	swimming
I don't like	gyrru car	driving a car

Do you like pop records?	Ydych chi'n hoffi recordiau pop?
Yes	Ydw
No	Nac ydw
What do you like?	Beth ydych chi'n hoffi?
I like to drink.	Rwy'n hoffi yfed.
What do you want to do?	Beth ydych chi'n moyn gwneud?
I want to go to town.	Rwy'n moyn mynd i'r dre.
Do you like Italian food?	Ydych chi'n hoffi bwyd yr Eidal?
Do you like Chinese food?	Ydych chi'n hoffi bwyd Tseina?
Do you like Indian food?	Ydych chi'n hoffi bwyd India?

47

Say what you can do

Dweud beth rydych chi'n gallu gwneud

Make sentences and ask questions using words from each column.

Ydych chi'n gallu…?	nofio	swim
Can you…?	gyrru car	drive a car
	siarad Cymraeg	speak Welsh
Rwy'n gallu	deall Cymraeg	understand Welsh
I can	darllen Cymraeg	read Welsh
	gweld y môr	see the sea
Dw i ddim yn gallu	mynd heno	go tonight
I can't	dod yfory	come tomorrow

Can you swim?	Ydych chi'n gallu nofio?
Yes	Ydw
No	Nac ydw
Can you come tonight?	Ydych chi'n gallu dod heno?
Can you come out tonight?	Ydych chi'n gallu dod mas heno?
I can see the game on television.	Rwy'n gallu gweld y gêm ar y teledu.
I can't drive, I'm sorry.	Dw i ddim yn gallu gyrru, mae'n flin 'da fi.
I could drink a pint!	Gallwn i yfed peint!
Can you do it?	Allwch chi 'wneud e?
I can do it.	Galla i 'wneud e.

Saying that you have something

Dweud bod rhywbeth 'da chi

Make sentences and ask questions using words from each column.

Mae	car	'da fi	*I have a*	*car*
	gwesty			*hotel*
	tocyn			*ticket*
Oes	diod	'da chi?	*Have you*	*a drink?*
	bwyd			*food?*
	sedd			*a seat?*
Does dim	llety	'da fi	*I don't have*	*accommodation*
	gobaith			*a hope*
	cês			*a case*

I've got a car.	Mae car 'da fi.
Have you got a car?	Oes car 'da chi?
Yes	Oes
No	Nac oes
Have you got a film?	Oes ffilm 'da chi?
I've got a camera.	Mae camera 'da fi.
Have you got a bath?	Oes bath 'da chi?

Buying food

Prynu bwyd

Make phrases using words from each column.

pwys o *a pound of*	datws afalau rawnwin	*potatoes* *apples* *grapes*
hanner pwys o *half a pound of*	fenyn gaws foron	*butter* *cheese* *carrots*
pedair owns o *four oz of* darn o *a piece of* torth o *a loaf of* pecyn o *a packet of*	losin ham deisen gig fara flawd greision	*sweets* *ham* *cake* *meat* *bread* *flour* *crisps*
	os gwelwch yn dda	*please*

A packet of biscuits please.	Pecyn o fisgedi, os gwelwch yn dda.
Where's the cheese counter?	Ble mae'r cownter caws?
Where are the vegetables?	Ble mae'r llysiau?
Where are the fruit?	Ble mae'r ffrwythau?
Have you got any fish?	Oes pysgod 'da chi?
Two pieces, please.	Dau ddarn, os gwelwch yn dda.
How much is that?	Faint yw hynny?
How much is it?	Faint yw e?
What does the cheese cost?	Beth yw pris y caws?
Is there any change?	Oes newid?

Staying the night   **Aros am noson**

Make sentences using words from each column.

Rwy'n chwilio am *I'm looking for*	stafell	a room
	wely a brecwast	bed and breakfast
	stafell i un	a room for one
	stafell i ddau	a room for two
	stafell i deulu	a family room
	ddwy stafell	two rooms

for one night	am un noson
for two nights	am ddwy noson
for a week	am wythnos
for three nights	am dair noson
breakfast and evening meal	brecwast a phryd nos
a room with a bath	stafell â bath
a room with a shower	stafell â chawod
a room with a toilet	stafell â thŷ bach
Where's the dining room?	Ble mae'r stafell fwyta?
Where's the kitchen?	Ble mae'r gegin?
Where's the toilet?	Ble mae'r tŷ bach?
What's the cost?	Beth yw'r gost?
Is there a reduction for children?	Oes gostyngiad i blant?
Is there a T.V. in the room?	Oes teledu yn y stafell?
Yes	Oes
When can I pay?	Pryd galla i dalu?
Where do you come from?	Un o ble ydych chi?
I come from Cardiff.	Rwy'n dod o Gaerdydd.
How long are you staying?	Am faint ydych chi'n aros?
I'm staying for two nights.	Rwy'n aros am ddwy noson.
Where's the nearest pub?	Ble mae'r dafarn agosa?

Buying a ticket

Prynu tocyn

Make sentences using words from each column.

Rwy'n moyn	tocyn i Gaerdydd	a ticket to Cardiff
I want	tocyn un ffordd	a one way ticket
	tocyn dwy ffordd	a return ticket
	tocyn dychwel	a return ticket
	tocyn i oedolyn	an adult ticket
	tocyn i blentyn	a child ticket

I want two tickets.	Rwy'n moyn dau docyn.
One adult, one child	Un oedolyn, un plentyn
please.	os gwelwch yn dda.
One ticket to Swansea.	Un tocyn i Abertawe.
ticket office	swyddfa docynnau
left luggage room	stafell fagiau
When does the train leave?	Pryd mae'r trên yn gadael?
When does the bus leave?	Pryd mae'r bws yn gadael?
From which platform?	O ba blatfform?
Where's the bus stop?	Ble mae'r arhosfan?
Is the bus due?	Ydy'r bws ar ddod?
Is the train late?	Ydy'r trên yn hwyr?
Yes, usually.	Ydy, fel arfer.
Is the train punctual?	Ydy'r trên yn brydlon?
No	Nac ydy
Thanks	Diolch

At the Welsh book/ craft shop

Yn y siop lyfrau/grefftau

Ask questions using words from each column.

Beth ydych chi'n...?	moyn	*want*
What do you...?	gwerthu	*sell*
What are you...?	hoffi	*like*
	prynu	*buying*

What do you sell?	Beth ydych chi'n gwerthu?
I sell records.	Rwy'n gwerthu recordiau.
I sell books.	Rwy'n gwerthu llyfrau.
What do you want?	Beth ydych chi'n moyn?
Have you got gifts?	Oes anrhegion 'da chi?
Have you got pottery?	Oes crochenwaith 'da chi?
Yes	Oes
Do you sell calendars?	Ydych chi'n gwerthu calendrau?
Do you sell postcards?	Ydych chi'n gwerthu cardiau post?
Have you got books for learners?	Oes llyfrau i ddysgwyr 'da chi?
Have you got Welcome to Welsh?	Ydy *Welcome to Welsh* 'da chi?
Yes	Ydy
How much is the cassette?	Faint yw'r casét?
I'm looking for a dictionary.	Rwy'n chwilio am eiriadur.

Saying where you've been

Make sentences using words from each column.

Ble aethoch chi?
Where did you go/have you been?

Es i	i Gaerdydd	to Cardiff
I went	i'r traeth	to the beach
	i nofio	swimming
	i'r wlad	to the country
	ar y trên	on the train
	i'r sinema	to the cinema
	i'r dafarn	to the pub

Where have you been today?	Ble aethoch chi heddiw?
I've been shopping.	Es i i siopa.
I've been to town.	Es i i'r dre.
I went to the beach.	Es i i'r traeth.
I went to see the castle.	Es i i weld y castell.
I went to see friends.	Es i i weld ffrindiau.
I went home.	Es i adre.
I went to the hotel.	Es i i'r gwesty.
Where did you go?	Ble aethoch chi?

Going to the game   Mynd i'r gêm

Ask questions using words from each column.

Pwy sy'n…?	chwarae	*playing/played*
Who is…?	sgorio	*scoring/scored*
	cicio	*kicking/kicked*
Pwy sy wedi…?	ennill	*win/won*
Who has…?	colli	*lose/lost*
	cael anaf	*have/had an injury*

Who is playing today?	Pwy sy'n chwarae heddiw?
Cardiff against Swansea.	Caerdydd yn erbyn Abertawe.
Who is winning?	Pwy sy'n ennill?
Who has won?	Pwy sy wedi ennill?
Who has scored a goal?	Pwy sy wedi sgorio gôl?
Who has scored a try?	Pwy sy wedi sgorio cais?
What's the score?	Beth yw'r sgôr?
Swansea 2, Cardiff 1	Abertawe dau, Caerdydd un
rugby	rygbi
football	pêl-droed
cricket	criced
to run	rhedeg
a run	rhediad
foul	trosedd
penalty	cic gosb
free kick	cic rydd
forwards	blaenwyr
backs	olwyr
full back	cefnwr
Who is the captain?	Pwy yw'r capten?
Who is the full back?	Pwy yw'r cefnwr?
Who is he?	Pwy yw e?

Camping   Gwersylla

Ask questions using words from each column.

Ydy'r… *Have we got the…*	babell	'da ni?	tent
	pegiau		pegs
	map		map
	gwely awyr		air bed
	sach gysgu		sleeping bag
	bwyd		food
	agorwr tuniau		tin opener

Have we got the tent?	Ydy'r babell 'da ni?
Yes	Ydy
Have we got the map?	Ydy'r map 'da ni?
Where are the toilets?	Ble mae'r tai bach?
Is there a shower here?	Oes cawod yma?
Yes	Oes
Is there a shop here?	Oes siop yma?
Do you sell gas?	Ydych chi'n gwerthu nwy?
We have a caravan.	Mae carafán 'da ni.
We want to stay for a week.	R'yn ni'n moyn aros am wythnos.
only one night	dim ond un noson
What does it cost?	Beth yw'r gost?
two nights	dwy noson
camp	gwersyll
no dogs	dim cŵn
Is there a swimming pool here?	Oes pwll nofio yma?
facilities	cyfleusterau

Buying presents   **Prynu anrhegion**

Make sentences using words from each column.

Mae rhaid i fi	gael anrheg	*get a present*
I must	brynu anrheg	*buy a present*
	brynu llyfr	*buy a book*
	brynu sgarff	*buy a scarf*
	brynu rhywbeth	*buy something*

(Note the use of soft mutation after 'mae rhaid i fi'.)

I must get a present.	Mae rhaid i fi gael anrheg.
I must get something.	Mae rhaid i fi gael rhywbeth.
I must look for a present.	Mae rhaid i fi chwilio am anrheg.
I've got to buy a record.	Mae rhaid i fi brynu record.
I've got to buy flowers.	Mae rhaid i fi brynu blodau.
I'm looking for a present.	Rwy'n chwilio am anrheg.
Have you got love spoons?	Oes llwyau caru 'da chi?
Is it expensive?	Ydy e'n ddrud?
Yes	Ydy
Are they cheap?	Ydyn nhw'n rhad?
Yes	Ydyn
It's expensive.	Mae e'n ddrud.
It's cheap.	Mae e'n rhad.
They're big.	Maen nhw'n fawr.
They're small.	Maen nhw'n fach.

At the disco   Yn y disgo

Ask questions using words from each column.

Wyt ti'n moyn…? *Do you want…?*	peint	*a pint*
	dawns	*a dance*
	diodyn arall	*another drink*
	dawns arall	*another dance*
	sgwrs yn y cornel	*a chat in the corner*
	seibiant	*a break*
	dawnsio	*to dance*
	smygu	*to smoke*
	sigarét	*a cigarette*

(Note the use of 'ti' (*you*) with a person you know well.)

Do you want a dance?	Wyt ti'n moyn dawns?
Yes	Ydw
Do you want another pint?	Wyt ti'n moyn peint arall?
The band is good.	Mae'r band yn dda.
The band is hopeless.	Mae'r band yn anobeithiol.
The place is full.	Mae'r lle'n llawn.
Do you like the group?	Wyt ti'n hoffi'r grŵp?
Is there a Welsh group here?	Oes grŵp Cymraeg yma?
When does the disco start?	Pryd mae'r disgo'n dechrau?
When does the dance end?	Pryd mae'r ddawns yn gorffen?
Do you want to come home afterwards?	Wyt ti'n moyn dod adre wedyn?
Do you want to come with me?	Wyt ti'n moyn dod gyda fi?
How much does it cost?	Beth yw'r gost?
entrance fee	pris mynediad
How much is the ticket?	Faint yw'r tocyn?

Chatting someone up　　Bachu rhywun

Make sentences using words from each column.

Rwy'n hoffi I like	dy ffrog di	your frock
	dy drowsus di	your trousers
	dy esgidiau di	your shoes
	dy chwaer di	your sister
	dy ffrind di	your friend
	dy wyneb di	your face

What are you doing tonight?	Beth wyt ti'n 'neud heno?
What are you doing tomorrow?	Beth wyt ti'n 'neud yfory?
Do you come here often?	Wyt ti'n dod yma'n aml?
I like your perfume.	Rwy'n hoffi dy bersawr di.
I like your accent.	Rwy'n hoffi dy acen di.
I like your voice.	Rwy'n hoffi dy lais di.
I've seen you before.	Rwy wedi dy weld di o'r blaen.
I've seen you somewhere.	Rwy wedi dy weld di rywle.
I like your car.	Rwy'n hoffi dy gar di.
Do you want to see my movies?	Wyt ti moyn gweld fy ffilmiau i?
Do you want to see my stamps?	Wyt ti moyn gweld fy stampiau i?
Come back to my flat.	Dere'n ôl i fy fflat i.
Come back with me.	Dere'n ôl gyda fi.
Do you want coffee?	Wyt ti'n moyn coffi?
May we meet again?	Gawn ni gwrdd eto?
All right	Iawn

At the doctor's   Gyda'r meddyg

Make sentences using words from each column.

Mae	...	arna i/'da fi	I've got...
	pen tost		a headache
	'r ddannodd		toothache
	cefn tost		a bad back
	coes dost		a bad leg
	stumog tost		a bad stomach
	llwnc tost		a bad throat
	gwres		a temperature
	ffliw		flu

What's the matter?	Beth sy'n bod?
Have you got a headache?	Oes pen tost 'da chi?
Yes	Oes
Have you got a temperature?	Oes gwres arnoch chi?
Have you got pills?	Oes tabledi 'da chi?
Have you got medicine?	Oes moddion 'da chi?
Can you give me a prescription?	Ydych chi'n gallu rhoi papur meddyg i fi?
May I see the doctor?	Ga i weld y meddyg?
surgery	meddygfa
leg	coes
arm	braich
head	pen
eyes	llygaid
nose	trwyn
ear	clust
May I see the nurse?	Ga i weld y nyrs?
Where's the hospital?	Ble mae'r ysbyty?
I've broken my leg.	Rwy wedi torri fy nghoes i.
I've broken my arm.	Rwy wedi torri fy mraich i.
Am I going to live?	Ydw i'n mynd i fyw?
Yes	Ydych

In the class   Yn y dosbarth

Make sentences using words from each column.

Rwy'n dysgu Cymraeg	ers blwyddyn	*for a year*
I've been learning Welsh	ers wythnos	*for a week*
	ers mis	*for a month*
	ers dwy flynedd	*for two years*
	ers tair blynedd	*for three years*

Where are you learning Welsh? — Ble ydych chi'n dysgu Cymraeg?

I'm learning in an Ulpan. (crash course) — Rwy'n dysgu mewn Wlpan.

I'm learning at night school. — Rwy'n dysgu mewn ysgol nos.

I've bought Welsh is Fun. — Rwy wedi prynu *Welsh is Fun.*

Why are you learning Welsh? — Pam ych chi'n dysgu Cymraeg?

I want to speak Welsh. — Rwy'n moyn siarad Cymraeg.

I'm Welsh. — Rwy'n Gymro (m).

Rwy'n Gymraes (f).

I want to speak Welsh at work. — Rwy'n moyn siarad Cymraeg yn y gwaith.

I've been learning for a year. — Rwy'n dysgu Cymraeg ers blwyddyn.

My children are in a Welsh school. — Mae fy mhlant i mewn ysgol Gymraeg.

Introducing the family   Cyflwyno'r teulu

Make sentences using words from each column.

Dyma	fy mrawd i	*my brother*
This is	fy chwaer i	*my sister*
	fy nhad i	*my father*
	fy mam i	*my mother*
	fy mab i	*my son*
	fy merch i	*my daughter*
	fy ngŵr i	*my husband*
	fy ngwraig i	*my wife*
	fy nghariad i	*my boyfriend/girlfriend*

(Note the use of nasal mutation after 'fy'.)

This is the family.	Dyma'r teulu.
I have two sisters.	Mae dwy chwaer 'da fi.
I have three children.	Mae tri o blant 'da fi.
I'm a clerk.	Clerc ydw i.
My husband's a teacher.	Athro yw fy ngŵr i.
My son's unemployed.	Mae fy mab i'n ddi-waith.
My daughter's a model.	Model yw fy merch i.
I'm twenty years old.	Rwy'n ugain mlwydd oed.
He is three years old.	Mae e'n dair blwydd oed.
She is ten years old.	Mae hi'n ddeg mlwydd oed.
Siân is fifteen years old.	Mae Siân yn bymtheg mlwydd oed.

(Note nasal mutation of 'blwydd' after some numbers: don't worry about them.)

In the car   Yn y car

Make sentences using words from each column.

Rhowch	olew yn y peiriant	*oil in the engine*
Put	aer yn y teiars	*air in the tyres*
	ddŵr yn y car	*water in the car*
	betrol yn y tanc	*petrol in the tank*
	deiar ar yr olwyn	*a tyre on the wheel*

Fill the tank.	Llanwch y tanc.
Ten litres please.	Deg litr os gwelwch yn dda.
A litre of oil.	Litr o olew.
What's the matter?	Beth sy'n bod?
The battery is flat.	Mae'r batri'n fflat.
The fan belt is broken.	Mae'r ffanbelt wedi torri.
The tyre is flat.	Mae'r teiar yn fflat.
Have you got water?	Oes dŵr 'da chi?
The car has broken down.	Mae'r car wedi torri i lawr.
The oil is leaking.	Mae'r olew'n gollwng.
The water is leaking.	Mae'r dŵr yn gollwng.
Is there a garage here?	Oes garej yma?
Have you got a licence?	Oes trwydded 'da chi?
Have you got insurance?	Oes yswiriant 'da chi?
I want to call the AA.	Rwy'n moyn galw'r AA.

VOCABULARY
GEIRFA

CYMRAEG – SAESNEG
WELSH – ENGLISH

When you are looking for a Welsh word in a dictionary, remember that the first letter of Welsh words can change. This change is called 'mutation'. There are three kinds of mutation:

Soft mutation: Words which start with 'g' can drop it off, so words which seem to begin with a vowel (a, e, i, o, u, w, y) can be looked for under 'g'.
These letters also change in soft mutation:
c>g; p>b; t>d; b>f; d>dd; ll>l; m>f; rh>r.

Nasal mutation: these letters change:
c>ngh; p>mh; t>nh; g>ng; b>m; d>n.

Aspirate mutation: these letters change:
c>ch; p>ph; t>th.

Here is the Welsh alphapet:
A, B, C, CH, D, DD, E, F, FF, G, NG, H, I, J, L, LL, M, N, O, P, PH, R, RH, S, T, TH, U, W, Y.
Note that words beginning with 'll', for example, will come after words beginning with 'l', so 'llan' will be seen under 'll', not under 'l'.

These abbreviations are used in this word list:
(a)   - adjective
(adv)   - adverb
(f)   - feminine
(c)   - conjunction
(m)   - masculine
(p)   - pronoun
(pl)   - plural
(pr)   - preposition
(v)   - verb
plural of noun is shown after"/"

A

a (c)	and
â (pr)	with
Abertawe	Swansea
Aberteifi	Cardigan
ac (c)	and
achau (pl)	family tree
aderyn/adar (m)	bird
afal/-au (m/f)	apple
afon/-ydd (f)	river
angladd/-au (m)	funeral
yr Alban (f)	Scotland
yr Almaen (f)	Germany
Almaenes (f)	German
Almaeneg (f)	German (language)
Almaenwr (m)	German
allwedd/-i (f)	key
am (pr)	for, at
anifail/anifeiliaid (m)	animal
annwyd (m)	cold
annwyl (a)	dear
anrheg/-ion (f)	present
ar (pr)	on
ar ddihun (adv)	awake
ar goll (adv)	lost
ar hyd (pr)	along
araf (a)	slow
arall (a)	other
arddangosfa /arddangosfeydd (f)	exhibition
arian (a)	silver
arian (m)	money
aros (v)	wait
aros am (v)	wait for
arwydd/-ion (f/m)	sign
athrawes/-au (f)	teacher
athro/athrawon (m)	teacher
aur (a)	gold
awyr (f)	air
awyren/-nau (f)	plane

B

baban/-od (m)	baby
bach (a)	small, little
bachgen/bechgyn (m)	boy
bag/-iau (m)	bag
bag llaw (m)	handbag
bai/beiau (m)	fault
banana/-s (m)	banana
banc/-iau (m)	bank
bar/-rau (m)	bar
bara (m)	bread
basged/-i (f)	basket
beic/-iau (m)	bicycle
berwi (v)	boil
beth?	what?

bil/-iau (m)	bill
bisgïen/bisgedi (f)	biscuit
blasus (a)	tasty
ble?	where?
ble mae…?	where is…?
blodyn /blodau (m)	flower
blows/-ys (f)	blouse
blwyddyn /blynyddoedd	year
blynedd (pl)	years
bod (pr)	that
bod (v)	be
bore/-au (m)	morning
bowlen/-ni (f)	bowl
braf (a)	fine
braich/breichiau (f)	arm
brawd/brodyr (m)	brother
brecwast/-au (m)	breakfast
brest (f)	chest
bresychen/bresych (f)	cabbage
brithyll/-od (m)	trout
bronglwm (m)	bra
brown (a)	brown
brwnt (a)	dirty
brwsh/-ys (m)	brush
bryn/-iau (m)	hill
buwch/buchod (f)	cow
bwrdd/byrddau (m)	table
bwrw eira (v)	snow
bwrw glaw (v)	rain
bws/bysys (m)	bus
bwyd/-ydd (m)	food
bwydlen/-ni (f)	menu
bwyta (v)	eat
byd (m)	world
bydd (v)	will
bys/-edd (m)	finger

C

cadair/cadeiriau (f)	chair
cadw (v)	keep
cadw sŵn (v)	make a noise
cae/-au (m)	field
cael (v)	have
Caer	Chester
Caerdydd	Cardiff
Caerfyrddin	Carmarthen
caffe/-s (m)	café
calendr/-au (m)	calendar
calon/-nau (f)	heart
camera/camerâu (m)	camera
cân/caneuon (f)	song
canolfan hamdden (f)	leisure centre
cant	hundred
canwr/cantorion (m)	singer
car/ceir (m)	car

cariad/-on (m)	sweetheart, love
carped/-i (m)	carpet
caru (v)	love
casét/casetiau (m)	cassette
cath/-od (f)	cat
cawod/-ydd (f)	shower
caws (m)	cheese
ceffyl/-au (m)	horse
cefn/-au (m)	back
cefnder/-oedd (m)	cousin
ceg/-au (f)	mouth
cenedl/cenhedloedd (f)	nation
cerdded (v)	walk
cerddorfa (f) /cerddorfeydd	orchestra
cerdyn/cardiau (m)	card
cês/cesys (m)	case
ci/cŵn (m)	dog
cic/-iau (f)	kick
cic gosb (f)	penalty, free kick
cic rydd (f)	free kick
cig/-oedd (m)	meat
cig moch (m)	bacon
cinio/ciniawau (m/f)	lunch, dinner
clawdd/cloddiau (m)	hedge
clerc/-od (m)	clerk
clir (a)	clear
cloc/-iau (m)	clock
clust/-iau (f)	ear
coch (a)	red
codi (v)	get up, raise, pick up
coeden/coed (f)	tree
coes/-au (f)	leg
cofion gorau	fond regards
coffi (m)	coffee
coleg/-au (m)	college
colli (v)	lose
côr/corau (m)	choir
coridor/-au (m)	corridor
cost/-au (f)	cost
crap (m)	smattering
creision (pl)	crisps
croeso (m)	welcome
crys/-au (m)	shirt
cul (a)	narrow
cwmni (m)	company
cŵn (pl)	dogs
cwpan/-au (m/f)	cup
cwpaned (m)	cupful
cwrdd â (v)	meet
cwrw (m)	beer
cwstard (m)	custard
cwyno (v)	complain
cyfanswm (m)	total
cyfeiriad/-au (m)	address

cyfenw/-au (m)	surname
cyfnither/-oedd (f)	cousin
cylchfan/-nau (f)	roundabout
cyllell/cyllyll (f)	knife
cymdeithasol (a)	social
Cymraeg (f)	Welsh (language)
Cymraes (f)	Welshwoman
Cymreig (a)	Welsh
Cymro (m)	Welshman
Cymru (f)	Wales
cymryd (v)	take
cymylog (a)	cloudy
cyngerdd (f/m) /cyngherddau	concert
cynnwys (v)	include
cyntaf (a)	first
cyrraedd (v)	arrive
cyw/-ion (m)	chicken

CH

chi (p)	you
chithau (p)	you (too)
chwaer/chwiorydd (f)	sister
chwaith (adv)	either
chwarae (v)	play
chwaraewr (m) /chwaraewyr	player
chwe(ch)	six
chwilio (v)	look for, search
chwith (adv)	left

D

da (a)	good
dafad/defaid (f)	sheep
dal (v)	catch
dan (pr)	under
dant/dannedd (m)	tooth
darlithydd /darlithwyr (m)	lecturer
darlun/-iau (m)	picture
darllen (v)	read
daro!	dear!
dau	two
de (m)	south
deall (v)	understand
dechrau (v)	start
deffro (v)	wake up
deg	ten
dere! (v)	come!
desg/-iau (f)	desk
dewch! (v)	come!
dewis (v)	choose
dewis/-iadau (m)	choice
di-waith (a)	unemployed
dillad (pl)	clothes
dim (m)	nothing
dim aros	no waiting
dinas/-oedd (f)	city

Dinbych	Denbigh
diod/-ydd (f)	drink
diolch (m)	thanks
diolch byth	thank goodness
disg/-iau (m)	disk
diwedd (m)	end
diwethaf (a)	last
dod (v)	come
dosbarth/-iadau (m)	class
drama/dramâu (f)	drama
dros (pr)	over
drud (a)	expensive
du (a)	black
dwbl (a)	double
dŵr (m)	water
dwy	two
dwyn (v)	steal
dy (p)	your
dychwel (v)	verb
dydd/ iau (m)	day
dyma	here is, here are
dyn/-ion (m)	man
dysgu (v)	learn, teach

DD

dde (adv)	right
ddoe (adv)	yesterday

E

edrych (v)	look
eglwys/-i (f)	church
ei (p)	his, her
eich (p)	your
yr Eidal (f)	Italy
Eidaleg (f)	Italian
eidion (m)	beef
ein (p)	our
eirin gwlanog (pl)	peaches
eirinen/eirin (f)	plum
eisiau (m, v)	want
eistedd (v)	sit
eliffant/-od (m)	elephant
ennill (v)	win
enw/-au (m)	name
enw cyntaf (m)	first name
eog/-iaid (m)	salmon
er mwyn popeth	for goodness' sake
ers (pr)	since, for
esgid/-iau (f)	shoe
esgusodwch fi	excuse me
eto (adv)	again, yet
eu (p)	their

F

fan'na (adv)	over there
fe (p)	he, him
fi (p)	I, me
fy (p)	my
fydd (c)	will?

FF

ffatri/ffatrïoedd (f)	factory
ffeindio (v)	find
ffenestr/-i (f)	window
fferm/-ydd (f)	farm
ffermwr/ffermwyr (m)	farmer
ffilm/-iau (f)	film
ffliw (m)	flu
ffôn/ffonau (m)	phone
ffonio (v)	phone
fforc/ffyrc (f)	fork
ffordd/ffyrdd (f)	way
ffordd fawr (f)	main road
ffowlyn/ffowls (m)	chicken
Ffrainc (f)	France
Ffrangeg (f)	French (language)
Ffrances (f)	Frenchwoman
Ffrancwr (m)	Frenchman
Ffrengig (a)	French
ffres (a)	fresh
ffrio (v)	fry
ffrog/-iau (f)	frock
ffrwythau (pl)	fruit
ffurflen/-ni (f)	form

G

ga i? (v)	may I have?
gadael (v)	leave
galw (v)	call
galwad/-au (f)	call
galwyn/-i (m)	gallon
gallu (v)	be able to
gan (pr)	by
gardd/gerddi (f)	garden
garej/-ys (f)	garage
gellygen/gellyg (f)	pear
gêm/gemau (f)	game
glas (a)	blue
gofyn (v)	ask
gogledd (m)	north
gogoneddus (a)	wonderful
gôl/-iau (f/m)	goal
golau (a)	light
golau/goleuadau (m)	light
golff (m)	golf
gormod (adv)	too much
gorsaf/-oedd (f)	station
gorsaf betrol (f)	petrol station
gram/-au (m)	gramme
grawnwin (pl)	grapes
gwaith (m)	work
gwallt (pl)	hair
gwasanaethau (pl)	services
gwefus/-au (f)	lip
gweithio (v)	work
gweithiwr /gweithwyr (m)	worker

gweld (v)	see	hynt (f)	story, journey
gwell (a)	better	**I**	
gwely/-au (m)	bed	i (pr)	to
gwersyll/-oedd (m)	camp	i gyd (adv)	all
gwersylla (v)	camp	iâ (m)	ice
gwerth (m)	value	iâr/ieir (f)	hen
gwerthu (v)	sell	iawn (a)	very, fine
gwesty/gwestai (m)	hotel	ie	yes
gwin/-oedd (m)	wine	iechyd da	good health, cheers
gwlad/gwledydd (f)	country	inc/-iau (m)	ink
gwlân (m)	wool	**J**	
gwneud (v)	do, make	jam/-iau (m)	jam
gŵr/gwŷr (m)	husband, man	jin (m)	gin
gwraig/gwragedd (f)	wife, woman	jîns (m)	jeans
gwraig tŷ (f)	housewife	jwg/jygiau (m)	jug
/gwragedd tŷ		**L**	
gwres (m)	fever	lamp/-au (f)	lamp
gwybod (v)	know	lemwn/-au (m)	lemon
gwybodaeth (f)	information	letys (m)	lettuce
gwydraid (m)	glassful	lifft/-iau (m)	lift
gwyliau (pl)	holidays	lili/liliau (f)	lily
gwyn (a)	white	lôn/lonau (f)	lane
gwyrdd (a)	green	lwc (f)	luck
gyda (pr)	with	**LL**	
gyrru (v)	drive	llaeth (m)	milk
gyrrwr/gyrwyr (m)	driver	llai (a)	less, smaller
H		llaw/dwylo (f)	hand
halen (m)	salt	llawer (adv)	a lot
ham (m)	ham	llawn (a)	full
hanner/haneri (m)	half	lle/-fydd (m)	place
hapus (a)	happy	lleden (f)	plaice
haul (m)	sun	lleidr/lladron (m)	thief
hawdd (a)	easy	lleol (a)	local
haws (a)	easier	llestri (pl)	dishes
heb (pr)	without	llety/lletyau (m)	lodging
heddiw (adv)	today	lleuad/au (m)	moon
heddlu/-oedd (m)	police force	Lloegr (f)	England
heddwch (m)	peace	llogi (v)	hire
helô	hello	llong/-au (f)	ship
hen (a)	old	llwnc (m)	throat
hen ddigon	quite enough	llwy/-au (f)	spoon
heno (adv)	tonight	llwyd (a)	grey
heol/-ydd (f)	road	llyfr/-au (m)	book
heulog (a)	sunny	llyfrgell/-oedd (f)	library
hi (p)	she, her	llyfrgellydd	librarian
hir (a)	long	/llyfrgellwyr (m)	
hoff (a)	fond, favourite	llygad/llygaid (m)	eye
hoffi (v)	like	llyn/-noedd (m)	lake
hosan/sanau (f)	sock, stocking	llysiau (pl)	vegetables
hufen iâ (m)	ice cream	llythyr/-au (m)	letter (message)
hwn (p,a)	this	llythyren/llythrennau (f)	letter (of alphabet)
hwyl	good-bye	**M**	
hwyl fawr	good-bye	'ma (a)	this
hyd (pr)	until	mab/meibion (m)	son
hyfryd (a)	pleasant, lovely	mae (v)	there is, is
hyn (p,a)	this, these	mai (pr)	that

mam/-au (f)	mother
mam-gu/mamau cu (f)	grandmother
map/-iau (m)	map
marmalêd (m)	marmalade
mat/-iau (m)	mat
mawr (a)	big
meddyg/-on (m)	doctor
meddygfa/	
meddygfeydd (f)	surgery
mêl (m)	honey
melyn (a)	yellow
menyn (m)	butter
menyw/-od (f)	woman
merch/-ed (f)	girl
mil	thousand
min (m)	edge
mis/-oedd (m)	month
mlynedd (pl)	years
mochyn/moch (m)	pig
moddion (pl)	medicine
Môn	Anglesey
môr/moroedd (m)	sea
moron (pl)	carrots
moyn (v)	want
munud/-au (m/f)	minute
mwy (a)	more, bigger
mwyaf (a)	most, biggest
mwyn (a)	mild, gentle
myfyriwr	student
/myfyrwyr (m)	
mynd (v)	go
mynydd/-oedd (m)	mountain

N

na	no
na (c)	than
nabod (v)	know
nant/nentydd (m)	brook
naw	nine
nawfed (a)	ninth
neu (c)	or
neuadd/-au (f)	hall
neuadd y dref (f)	town hall
newid (m)	change
newid (v)	change
newydd (a)	new
newyddion (pl)	news
nhw (p)	they, them
ni (p)	we, us
nicyrs (m)	knickers
nodyn/nodiadau (m)	note
nofel/-au (f)	novel
nofio (v)	swim
nonsens (m)	nonsense
nos/-au (f)	night
noson (f)	night
noswaith	evening

/nosweithiau (f)	
nyrs/-ys (f)	nurse

O

o gwmpas (pr)	around
oedolyn/oedolion (m)	adult
oen/ŵyn (m)	lamb
oer (a)	cold
oes (v)	is there?, yes
olew (m)	oil
oren (a)	orange
oren/-au (m)	orange

P

pa	which
pabell/pebyll (f)	tent
pac/-iau (m)	pack
pacio (v)	pack
palas/-au (m)	palace
papur/-au (m)	paper
papur tŷ bach (m)	toilet paper
pâr/parau (m)	pair
parc/-iau (m)	park
parcio (v)	park
parsel/-i (m)	parcel
pas/-ys (f)	pass
pedwar	four
peint/-iau (m)	pint
peiriant/peiriannau (m)	machine, engine
pêl-droed (f)	football
pêl-fas (f)	base ball
pell (a)	far
pen tost (m)	headache
pensiynwr	pensioner
/pensiynwyr (m)	
pentref/-i (m)	village
penwythnos/-au (m)	weekend
perfformio (v)	perform
persawr (m)	perfume
pert (a)	pretty
peth/-au (m)	thing
petrol (m)	petrol, gasoline
pin/pinnau (m)	pin
pinc (a)	pink
plant (pl)	children
plât/platiau (m)	plate
platfform/-au (m)	platform
plentyn/plant (m)	child
plismon/plismyn (m)	policeman
pob (a)	every
poeni (v)	worry
popeth (m)	everything
porc (m)	pork
porffor (a)	purple
post (m)	post
postio (v)	post
pot/-iau (m)	pot
potel/-i (f)	bottle

prifysgol/-ion (f)	university
pris/-iau (m)	price
problem/-au (f)	problem
pryd (m)	time
pryd?	when?
prydferth (a)	beautiful
prynhawn/-iau (m)	afternoon
prynu (v)	buy
pum(p)	five
punt/punnoedd (f)	pound (£)
pupur (m)	pepper
pur (a)	pure
pwdin/-au (m)	pudding, sweet
pwll nofio (m)	swimming pool
pwys/-au (m)	pound (lb)
pwys o	a pound of
pwysedd (m)	pressure
pwyso (v)	weigh
pys (pl)	peas
pysgodyn/pysgod (m)	fish

R

'r	the
radio (m)	radio
record/-iau (f)	record
reis (m)	rice
Rwsia (f)	Russia
Rwsieg (f)	Russian
rygbi (b)	rugby

RH

rhad (a)	cheap
rhaff/-au (f)	rope
rhaid (m)	must
rhedeg (v)	run
rheolwr/rheolwyr (m)	manager
rhif/-au (m)	number
rholyn/rholiau (m)	roll
rhostio (v)	roast
rhy (a)	too
rhyfel/-oedd (m)	war

S

Saesneg (f)	English
Saesnes (f)	Englishwoman
Sais/Saeson (m)	Englishman
saith	seven
salad/-au (m)	salad
sanau (pl)	socks, stocking
sawl	how many
sawl (a)	several
saws (m)	sauce
Sbaeneg (f)	Spanish
sebon/-au (m)	soap
sedd/-au (f)	seat
sedd flaen (f)	front seat
sedd gefn (f)	back seat
sefyll (v)	stand
Seisnig (a)	English

selsigen/selsig (f)	sausages
sengl (a)	single
seren/sêr (f)	star
sgarff/-iau (f)	scarf
sgert/-iau (f)	skirt
sglodion (pl)	chips
sgorio (v)	score
sgrin/sgriniau (f)	screen
shw' mae?	how are you?
siaced/-i (f)	jacket
siarad (v)	speak
siec/-iau (f)	cheque
sieri (m)	sherry
silff/-oedd (f)	shelf
sinema/sinemâu (m/f)	cinema
siocled/-i (m)	chocolate
siop/-au (f)	shop
siopwr/siopwyr (m)	shopkeeper
Sir Fôn (f)	Anglesey
siwgr (m)	sugar
siŵr (a)	sure
siwt/-iau (f)	suit
soser/-i (f)	saucer
stamp/-iau (m)	stamp
stryd/-oedd (f)	street
sudd/-oedd (m)	juice
sut?	how?
sut'dach chi?	how are you?
sŵn (m)	noise
swper/-au (m)	supper
swyddfa/swyddfeydd (f)	office
swyddfa'r post (f)	post office
sych (a)	dry
syth (a)	straight

T

tabled/-i (f)	pill
tacsi/-s (m)	taxi
tad/-au (m)	father
tad-cu/tadau cu (m)	grandfather
tafarn (f)	pub
taflu (v)	throw
tafod/-au (m)	tongue
tair	three
talu (v)	pay
tân/tanau (m)	fire
tarten (f)	tart, pie
tatws (pl)	potatoes
te (m)	tea
tebot/-au (m)	teapot
technegydd	technician
/technegwyr (m)	
tei/-s (m)	tie
teiar/-s (m)	tyre
teledu/setiau teledu (m)	television
theatr/-au (f)	theatre
ti (p)	you

tic/-iau (m)	tick
ticio (v)	tick
tipyn bach	a little
tocyn/-nau (m)	ticket
tomato/-s (m)	tomato
ton/-nau (f)	wave
tôn/tonau (f)	tune
tonic (m)	tonic
torri (v)	break
torri lawr (v)	break down
tost (m)	toast
traffig (m)	traffic
traffordd/traffyrdd (f)	motorway
traphont/ydd (f)	viaduct
tref/-i (f)	town
trên/trenau (m)	train
tri	three
troed/traed (f)	foot
trons/-au (m)	underpants
trowsus/-au (m)	trousers
trwm (a)	heavy
trwy (pr)	through
trwyn/-au (m)	nose
trydanwr/trydanwyr (m)	electrician
tun/-iau (m)	tin
twym (a)	warm, hot
tŷ/tai (m)	house
tŷ bach (m)	toilet
tŷ bwyta (m)	restaurant
Tyddewi	St David's
tyn (a)	tight
tywel/-ion (m)	towel
tywydd (m)	weather
tywyll (a)	dark

U

un	one
Unol Daleithiau America	U.S.A.
unrhyw (a)	any
unwaith (adv)	once

W

wedi	has, have, after
wedyn (adv)	then, afterwards
winc (f)	wink
wrth (pr)	by, near
wrth gwrs	of course
wy/-au (m)	egg
wyth	eight
wythnos/-au (f)	week

Y

y	the
ydw	yes
ydych (v)	are, do
yfed (v)	drink
yfory (adv)	tomorrow
yma (a)	this

yma (adv)	here
ymlaen (adv)	ahead, on
yn	follows 'mae'
yn (pr)	in
yr	the
yr un (adv)	each
ysbyty/ysbytai (m)	hospital
ysgafn (a)	light (in weight)
ysgol/-ion (f)	school
ysgrifennu (v)	write
ysgrifenyddes/-au (f)	secretary
ystafell/-oedd (f)	room
ystafell fwyta (f)	dining room
ystafell wely (f)	bedroom
ystafell ymolchi (f)	bathroom
yswiriant (m)	insurance

ENGLISH – WELSH
SAESNEG – CYMRAEG

A

able	gallu (v), galluog (a)
address	cyfeiriad (m)
adult	oedolyn (m)
after	wedi
afternoon	prynhawn (m)
afterwards	wedyn (adv)
again	eto (adv)
ahead	ymlaen (adv)
air	awyr (f)
all	i gyd (adv)
along	ar hyd (pr)
and	a, ac
Anglesey	Môn, Sir Fôn
animal	anifail (m)
any	unrhyw (a)
apple	afal (m/f)
arm	braich (f)
around	o gwmpas (pr)
arrive	cyrraedd (v)
ask	gofyn (v)
at	i, at (pr)
awake	ar ddihun (adv)

B

baby	baban (m)
back	cefn (m)
back seat	sedd gefn (f)
bacon	cig moch (m)
bag	bag (m)
banana	banana (m)
bank	banc (m)
bar	bar (m)
basket	basged (f)
bathroom	ystafell ymolchi (f)
beautiful	prydferth (a)
bed	gwely (m)
bedroom	ystafell wely (f)
beef	cig eidion (m)
beer	cwrw (m)
better	gwell (a)
bicycle	beic (m)
big	mawr (a)
bigger	mwy (a)
bill	bil (m)
bird	aderyn (m)
biscuit	bisgïen (f)
black	du (a)
blouse	blows (f)
blue	glas (a)
boil	berwi (v)
bold	hy (a)
book	llyfr (m)
bottle	potel (f)
bowl	bowlen (f)
boy	bachgen (m)

bra	bronglwm (m)
bread	bara (m)
break	torri (v)
break down	torri lawr (v)
breakfast	brecwast (m)
brook	nant (f)
brother	brawd (m)
brown	brown (a)
brush	brwsh (m)
bus	bws (m)
butter	menyn (m)
buy	prynu (v)
by	wrth (near), gan (pr)

C

cabbage	bresychen (f)
café	caffe (m)
calendar	calendr (m)
call	galw (v), galwad (f)
camera	camera (m)
camp	gwersyll (m), gwersylla (v)
car	car (m)
card	cerdyn (m)
Cardiff	Caerdydd
Cardigan	Aberteifi
Carmarthen	Caerfyrddin
carpet	carped (m)
carrots	moron (pl)
case	cês (m)
cassette	casét (m)
cat	cath (f)
catch	dal (v)
chair	cadair (f)
change	newid (m, v)
cheap	rhad (a)
cheers!	iechyd da!
cheese	caws (m)
cheque	siec (f)
chest	brest (f)
Chester	Caer
chicken	cyw, ffowlyn (m)
child	plentyn (m)
children	plant (pl)
chips	sglodion (pl)
chocolate	siocled (m)
choice	dewis (v)
choir	côr (m)
choose	dewis (v)
church	eglwys (f)
cinema	sinema (f)
city	dinas (f)
class	dosbarth (m)
clear	clir (a), clirio (v)
clerk	clerc (m)
clock	cloc (m)
clothes	dillad (pl)
cloudy	cymylog (a)
coffee	coffi (m)
cold	oer (a), annwyd (m)

college	coleg (m)
come	dod (v)
come!	dewch!, dere!
company	cwmni (m)
complain	cwyno (v)
concert	cyngerdd (f/m)
cousin	cefnder (m), cyfnither (f)
cow	buwch (f)
crisps	creision (pl)
cup	cwpan (m/f)
cupful	cwpaned (m)
custard	cwstard (m)

D

dark	tywyll (a)
day	dydd (m)
dear	annwyl (a)
dear!	daro!
Denbigh	Dinbych
desk	desg (f)
dining room	ystafell fwyta (f)
dinner	cinio (m/f)
dirty	brwnt (a)
dishes	llestri (pl)
disk	disg (m)
do	gwneud (v)
doctor	meddyg (m)
dog	ci (m)
dogs	cŵn (pl)
drama	drama (f)
drink	yfed (v), diod (f)
drive	gyrru (v)
driver	gyrrwr (m)
dry	sych (a)

E

each	yr un (adv)
ear	clust (f)
easier	haws (a)
easy	hawdd (a)
eat	bwyta (v)
edge	ymyl (f)
egg	wy (m)
eight	wyth
either	chwaith (adv)
electrician	trydanwr (m)
elephant	eliffant (m)
end	diwedd (m)
engine	peiriant (m)
England	Lloegr (f)
English	Saesneg (f), Seisnig (a)
Englishman	Sais (m)
Englishwoman	Saesnes (f)
evening	noson (f)
every	pob (a)
everything	popeth (m)
excuse me	esgusodwch fi
exhibition	arddangosfa (f)
expensive	drud (a)
eye	llygad (m)

F

factory	ffatri (f)
family tree	achau (pl)
far	pell (a)
farm	fferm (f)
farmer	ffermwr (m)
father	tad (m)
fault	bai (m)
favourite	hoff (a)
fever	gwres (m)
field	cae (m)
film	ffilm (f)
fine	braf (a)
fine	iawn (all right)
finger	bys (m)
fire	tân (m)
first	cyntaf (a)
first name	enw cyntaf (m)
fish	pysgodyn (m)
flower	blodyn (m)
flu	ffliw (m)
fond	hoff (a)
food	bwyd (m)
foot	troed (f)
football	pêl-droed (f)
for	am, i, ers (pr)
for	i, am (pr)
for goodness' sake	er mwyn popeth
fork	fforc (f)
form	ffurflen (f)
four	pedwar (m), pedair (f)
France	Ffrainc (f)
French	Ffrangeg (f)
Frenchman	Ffrancwr (m)
Frenchwoman	Ffrances (f)
fresh	ffres (a)
frock	ffrog (f)
front seat	sedd flaen (f)
fruit	ffrwythau (pl)
fry	ffrio (v)
full	llawn (a)
funeral	angladd (m/f)

G

gallon	galwyn (m/f)
game	gêm (f)
garage	garej, modurdy (m)
garden	gardd (f)
gasoline	petrol (m)
gentle	mwyn (a)
German	Almaeneg (f) Almaenwr (m) Almaenes (f)
Germany	yr Almaen (f)
get up	codi (v)
gin	jin (m)
girl	merch (f)
glassful	gwydraid (f)
go	mynd (v)

goal	gôl (f)
gold	aur (a,m)
golf	golff (m)
good	da (a)
goodbye	hwyl, hwyl fawr
gramme	gram (m)
grandfather	tad-cu (m)
grandmother	mam-gu, nain (f)
grapes	grawnwin (pl)
green	gwyrdd (a)
grey	llwyd (a)

H

hair	gwallt (pl)
half	hanner (m)
hall	neuadd (f)
ham	ham (m)
hand	llaw (f)
handbag	bag llaw (m)
happy	hapus (a)
has	wedi
have	cael (v), wedi
he	fe (p)
headache	pen tost (m)
heavy	trwm (a)
hedge	clawdd (m)
hello	helô, shw' mae
hen	iâr (f)
her	hi, ei… hi (p)
here	yma (a, adv)
here is, here are	dyma (v)
hill	bryn (m)
him	fe (p)
hire	llogi (v)
his	ei… e (p)
holidays	gwyliau (pl)
honey	mêl (m)
horse	ceffyl (m)
hospital	ysbyty (m)
hot	twym, poeth (a)
hotel	gwesty (m)
house	tŷ (m)
housewife	gwraig tŷ (f)
how are you?	shwd ych chi?, sut 'dach chi?
how many?	sawl?
how?	sut?
hundred	cant
husband	gŵr/gwŷr (m)

I

ice	iâ (m)
ice cream	hufen iâ (m)
in	yn (pr)
include	cynnwys (v)
information	gwybodaeth (m)
ink	inc (m)
insurance	yswiriant (m)
is there?	oes?
Italian	Eidaleg (f)
Italy	yr Eidal (f)

J

jacket	siaced (f)
jam	jam (m)
jeans	jîns (m)
journey	taith (f)
jug	jwg (m)
juice	sudd (m)

K

keep	cadw (v)
key	allwedd (f)
kick	cic (f)
knickers	nicyrs (pl)
knife	cyllell (f)
know	gwybod (v)
	nabod (a person)

L

lake	llyn (m)
lamb	oen (f)
lamp	lamp (f)
lane	lôn (f)
last	diwethaf (a)
learn	dysgu (v)
leave	gadael (v)
lecturer	darlithydd (m)
left	chwith (adv)
leg	coes (f)
leisure centre	canolfan hamdden (f)
lemon	lemwn (m)
less	llai (a)
letter (message)	llythyr (m)
letter (of alphabet)	llythyren (f)
lettuce	letys (m)
librarian	llyfrgellydd (m)
library	llyfrgell (f)
lift	lifft (m)
light	ysgafn (weight) (a), golau (m)
like	hoffi (v), fel (c)
lily	lili (f)
lip	gwefus (f)
little	bach (a)
little, a	tipyn bach
local	lleol (a)
lodging	llety (m)
long	hir (a)
look	edrych (v)
look for	chwilio am (v)
lose	colli (v)
lost	ar goll (adv)
lot	llawer (m)
love	cariad (m)
	caru (v)
lovely	hyfryd (a)
luck	lwc (f)
lunch	cinio (m/f)

M

machine	peiriant (m)
main road	ffordd fawr (f)
make	gwneud (v)

make a noise	cadw sŵn (v)
man	dyn (m)
manager	rheolwr (m)
map	map (m)
marmalade	marmalêd (m)
mat	mat (m)
may I,	ga i?
may I have?	
me	fi (p)
meat	cig (m)
medicine	moddion (m)
meet	cwrdd â (v)
menu	bwydlen (f)
mild	mwyn (a)
milk	llaeth, llefrith (m)
minute	munud (m/f)
money	arian (pl)
month	mis (m)
moon	lleuad (f)
more	mwy (a)
morning	bore (m)
mother	mam (f)
motorway	traffordd (f)
mountain	mynydd (m)
mouth	ceg (f)
must	rhaid (rhaid)
my	fy (p)

N

name	enw (m)
narrow	cul (a)
near	wrth (pr), agos (a)
new	newydd (a)
news	newyddion (pl)
night	nos, noson (evening) (f)
nine	naw
ninth	nawfed
no	na
noise	sŵn (m)
nonsense	nonsens (m)
north	gogledd (m)
nose	trwyn (m)
note	nodyn (m)
nothing	dim byd (m)
novel	nofel (f)
number	rhif (m)
nurse	nurse (f)

O

of course	wrth gwrs
office	swyddfa (f)
oil	olew (m)
old	hen (a)
on	ar (pr)
once	unwaith (adv)
one	un
or	neu
orange	oren (a, m)
orchestra	cerddorfa (f)
other	arall (a)
our	ein... ni (p)

over	dros (pr)
over there	fan'na (adv)

P

pack	pac (m)
pair	pâr (m)
palace	palas (m)
paper	papur (m)
parcel	parsel (m)
park	parc (m), parcio (v)
pass	pàs (m), pasio (v)
pay	talu (v)
peace	heddwch (m)
peaches	eirin gwlanog (m)
pear	gellygen (f)
peas	pys (m)
penalty	cosb, cic gosb (f)
pensioner	pensiynwr (m)
pepper	pupur (f)
perform	perfformio (v)
petrol	petrol (m)
petrol station	gorsaf betrol (f)
phone	ffôn (m), ffonio (v)
pick up	codi (v)
picture	darlun, llun (m)
pie	tarten (f), pei (m)
pig	mochyn (m)
pill	tabled (f)
pin	pìn (m)
pink	pinc (a)
pint	peint (m)
place	lle (m)
plaice	lleden (f)
plane	awyren (f)
plate	plât (m)
platform	platfform (m)
play	chwarae (v), drama (f)
player	chwaraewr (m)
pleasant	hyfryd (a)
plum	eirinen (f)
police force	heddlu (m)
policeman	plismon (m)
pork	porc (m)
post	post (m), postio (v)
post office	swyddfa'r post (f)
pot	pot (m)
potatoes	tatws (pl)
pound	punt (£) (f), pwys (lb) (m)
present	anrheg (f), presennol (a)
pressure	pwysedd (m)
pretty	pert (a)
price	pris (m)
problem	problem (f)
pub	tafarn (f/m)
pudding	pwdin (m)
pure	pur (a)
purple	porfflor (a)

Q

quite enough	hen ddigon

R

radio	radio (m)
rain	glaw (m), bwrw glaw (v)
raise	codi (v)
read	darllen (v)
record	record (f)
red	coch (a)
restaurant	bwyty (m)
return	dychwel (v)
rice	reis (m)
right	dde (a, adv)
river	afon (f)
road	heol (f)
roast	rhostio (v)
roll	rholyn (m)
room	ystafell (f)
rope	rhaff (f)
roundabout	cylchfan (f)
rugby	rygbi (m)
run	rhedeg (v)
Russia	Rwsia (f)
Russian	Rwsieg (f)

S

salad	salad (m)
salmon	eog (m)
salt	halen (m)
sauce	saws (m)
saucer	soser (f)
sausages	selsig (m)
scarf	sgarff (f)
school	ysgol (f)
score	sgôr (f)
Scotland	yr Alban (f)
screen	sgrîn (f)
sea	môr (m)
search	chwilio (v)
seat	sedd (f)
secretary	ysgrifenyddes (f)
see	gweld (v)
sell	gwerthu (v)
services	gwasanaethau (pl)
seven	saith
several	sawl (a)
she	hi (p)
sheep	dafad (f)
shelf	silff (f)
sherry	sieri (m)
ship	llong (f)
shirt	crys (m)
shoe	esgid (f)
shop	siop (f)
shopkeeper	siopwr (m)
shower	cawod (f)
sign (m/f),	arwydd, arwyddo (v)
silver	arian (m)
since	ers (pr)
singer	canwr (m)
single	sengl (a)
sister	chwaer (f)

sit	eistedd (v)
six	chwe(ch)
skirt	sgert (f)
slow	araf (a)
small	bach (a)
smaller	llai (a)
smattering	crap (m)
snow	eira (m),
	bwrw eira (v)
soap	sebon (m)
social	cymdeithasol (a)
sock	hosan (f)
socks	sanau (pl)
song	cân (f)
south	de (m)
Spanish	Sbaeneg (f)
speak	siarad (v)
spoon	llwy (f)
St Davids	Tyddewi
stamp	stamp (m)
stand	sefyll (v)
star	seren (f)
start	dechrau (v)
station	gorsaf (f)
steal	dwyn (v)
stocking	hosan (f)
stockings	sanau (pl)
story	stori (f)
straight	syth (a)
straight ahead	yn syth ymlaen (adv)
street	stryd (f)
student	myfyriwr (m)
sugar	siwgr (m)
suit	siwt (f)
sun	haul (m)
sunny	heulog (a)
supper	swper (m)
sure	siŵr (a)
surname	cyfenw (m)
Swansea	Abertawe
sweet	pwdin (m), melys (a)
sweetheart	cariad (m)
swim	nofio (v)
swimming pool	pwll nofio (m)
symphony	symffoni (m)

T

table	bwrdd (m)
take	mynd â, cymryd (v)
tart	tarten (f)
tasty	blasus (a)
taxi	tacsi (m)
tea	te (m)
teach	dysgu (v)
teacher	athrawes (f),
	athro (m)
technician	technegydd (m)
television	teledu (m)
ten	deg
tent	pabell (f)

than	na
thank goodness	diolch byth
thanks	diolch (v)
that	bod (pr, v)
the	y, yr, 'r
theatre	theatr (f)
them	nhw (p)
then	wedyn (adv)
there is, there are	mae (v)
these	hyn (p)
they	nhw (p)
thing	peth (m)
this	'ma (p)
this	hyn (p)
thousand	mil (f)
three	tri (m), tair (f)
throat	llwnc (m)
throw	taflu (v)
tick	tic (m)
ticket	tocyn (m)
tie	tei (m)
tight	tyn (a)
time	amser (m)
to	i (pr)
toast	tost (m)
today	heddiw (adv)
toilet paper	papur tŷ bach (m)
tomato	tomato (m)
tomorrow	yfory (adv)
tongue	tafod (m)
tonic	tonic (m)
tonight	heno (adv)
too	rhy (a), hefyd (adv)
too much	gormod (m)
tooth	dant (m)
total	cyfanswm (m)
towel	tywel (m)
town hall	neuadd y dref (f)
traffic	traffig (m)
train	trên (m)
tree	coeden (f)
trousers	trowsus (m)
trout	brithyll (m)
teapot	tebot (f)
two	dau (m), dwy (f)
tyre	teiar (f)

U

U.S.A.	U.D.A.
under	dan (pr)
underpants	trôns (m)
understand	deall (v)
unemployed	di-waith (a)
university	prifysgol (f)
until	hyd (pr)
us	ni (p)

V

value	gwerth (m)
vegetables	llysiau (pl)
very	iawn (adv)

viaduct	traphont (f)
village	pentref (m)

W

wait	aros (v)
wait for	aros am (v)
wake up	deffro (v)
Wales	Cymru (f)
walk	cerdded (v)
want	moyn, eisiau (v)
war	rhyfel (m)
warm	twym (a)
water	dŵr (m)
wave	ton (f), chwifio (v)
way	ffordd (f)
we	ni (p)
weather	tywydd (m)
week	wythnos (f)
weekend	penwythnos (m)
weigh	pwyso (v)
welcome	croeso (m)
Welsh	Cymraeg (f) (language)
	Cymreig (a)
Welshman	Cymro (m)
Welshwoman	Cymraes (f)
what?	beth?
when?	pryd?
where?	ble?
which?	pa?
white	gwyn (a)
will	bydd (v)
will?	fydd?
win	ennill (v)
window	ffenestr (f)
wine	gwin (m)
wink	winc (f)
with	â, gyda (pr)
without	heb (pr)
woman	menyw (f)
wonderful	gogoneddus (a)
wool	gwlân (m)
work	gwaith (m), gweithio (v)
worker	gweithiwr (m)
world	byd (m)
worry	poeni (v)

Y

year	blwyddyn (f)
yellow	melyn (a)
yes	ie, oes, ydy, oedd, bydd, cewch, etc.
yesterday	ddoe (adv)
yet	eto (adv)
you	chi, ti (p)

Also for Welsh Learners

STREET WELSH

A full-colour phrasebook introducing basic Welsh so that
learners can understand the Welsh around them, and engage in
simple converstions with Welsh speakers.

9780862439026

£4.95

WELSH IN YOUR POCKET

A handy little language aid for Welsh learners to carry around.
The concertina cards include basic Welsh grammar rules,
mutations, sentence forms and commands, as well as everyday
words and phrases.

9781847718778

£3.95

THE WELSH LEARNER'S DICTIONARY – MINI EDITION

A new, pocket edition of the very popular dictionary, for use in
evening classes, schools and around town.

9780862435172

£4.95